国家社会科学基金项目（批准号：18CTY010）阶段性成果

为增长而合作

COLLABORATE
FOR ECONOMIC GROWTH

基于共建园的跨域共享发展

Cross-jurisdictional Shared Development
based on Joint Industrial Parks

许焰妮　著

社会科学文献出版社
SOCIAL SCIENCES ACADEMIC PRESS (CHINA)

序　言

改革开放以来，中央政府一直积极倡导跨行政区域的地方政府间合作与协调发展，地方政府为促进经济增长而相互竞争成为一种常态，这种"为增长而竞争"的模式被学界认为源于我国特色的央地分权体制。2000 年以来，地方政府间通过跨域合作来促进经济增长的实践开始出现并日益增多，例如，在长三角、珠三角等经济发达地区，围绕土地资源开发利用而兴起的跨域共建产业园（以下简称"共建园"），这种地方政府间积极合作、共享发展的举措被称为"为增长而合作"。实践向理论研究提出了一个问题：在我国的央地分权体制保持基本稳定、行政区划对区域合作的刚性约束仍然存在的情况下，地方政府为何会从"为增长而竞争"转向"为增长而合作"？这是《为增长而合作：基于共建园的跨域共享发展》这本书力图从理论上解释的现实问题。

对问题的理论解释，需要理论的分析框架或视角。基于经济学理论的基本假设即资源的稀缺和经济人的理性，理性的行为取向取决于要素资源的约束。该书把地方政府视为对辖区内发展资源拥有排他性控制权、具有经济人理性的独立利益主体，竞争是其理性行为，但不是理性行为的唯一取向，资源稀缺也会促使经济活动主体相互依赖（合作）以增进共同的福祉。当然，地方政府间从竞争转向合作的实现，需要一定的"秩序"规范亦即体制机制的建构，这体现了制度经济学中"稀缺—依赖—秩序"的理论逻辑。更重要的是，地方政府间从竞争转向合作实质上是一种合法控制权的交换或转移，离开了制度性的规范，这种权益交换或转移是无法有效进行的。

《为增长而合作：基于共建园的跨域共享发展》这本书基于制度经济学的理论视角，根据"稀缺—依赖—秩序"这一理论逻辑，关注资本和土地这两个基本要素资源对政府行为的影响，构建了理论分析框架，并基于对无行政隶属关系的横向地方政府间跨行政区划在一方境内合作设立共建园的分析，来研究区域合作的激励机制以及合作模式的选择机制。通过大量实地调研及数据资料研究，采用定性与定量相结合的混合研究方法，对相关假设进行了实证检验。该书不仅通过"为增长而合作"的相关研究丰富了现有的地方政府行为特点研究，也补充了区域经济研究中强调市场力量的经济扩散理论，揭示了中国语境下经济发展领域的政府间合作从纵向"行政推动"到横向"跨域治理"转变的内在逻辑，具有较高的理论价值和较强的现实意义。

该书的主体是许焰妮博士在清华大学公共管理学院攻读博士学位时的毕业论文。作为其博士学位论文的指导老师，我见证了她从选题、研究设计、研究开展、论文完成到成书出版的全过程，这是一段充满艰辛的学术人生成长过程。基于产权视角分析区域协调发展，是我多年来坚持的研究路径，许焰妮博士通过对共建园的研究，对这一路径进行了验证。基于中国的国情体制和实践特点，地方政府作为区域产权拥有者通过跨域合作增进共同收益这一生产者角色更加凸显，而非西方理论语境下的公共服务者角色，揭示了具有发展型政府特征的中国地方政府通过建立组织间网络关系来协力共赢的逻辑过程。

从研究领域到研究视角，许焰妮博士的著作，很好地体现了对我们团队已有研究的传承与发展，我很欣慰看到该著作能够出版，这体现了她扎实的研究能力和深厚的研究积累。许焰妮博士已经在北京体育大学管理学院踏上职业生涯的新征程，将研究领域拓展到了区域体育发展问题上，我相信她定会不负清华大学的培育，并期待她有更多的优秀研究成果。

　　是为序。

殷存毅

清华大学公共管理学院教授、博士生导师

2021 年 7 月 19 日于伍舜德楼

目 录

第一章 跨域共享发展引发的理论思考

第一节 从"为增长而竞争"到"为增长而合作"

一 "行政区经济"下的区域合作困境

改革开放以来，我国的社会经济发展取得显著成绩。然而，各个行政区域在"一亩三分地"思维主导下对狭隘利益的追求，成为区域合作（亦常称"跨域合作"）的"体制抗体"，导致地区之间以邻为壑、地方保护主义盛行等问题的出现，阻碍我国经济持续健康发展。行政区划边界形成对区域经济的刚性约束，这种特殊的经济现象被学界形容为"诸侯经济"（沈立人、戴园晨，1990）和"行政区经济"（刘君德、舒庆，1993；舒庆，1995：1）等。

长期以来，我国政府在突破体制障碍、推动区域合作方面进行了诸多探索。1980年起，中央政府就开始大力推动区域合作（见表 1-1）。时至今日，区域合作仍是一个常说常新的问题。

表 1-1 改革开放以来我国推动区域合作的主要文件

时间	文件	涉及区域合作的相关内容
1980 年	国务院关于推动经济联合的暂行规定	打破地区封锁、部门分割。走联合之路，组织各种形式的经济联合体

续表

时间	文件	涉及区域合作的相关内容
1984 年	中共中央关于经济体制改革的决定	地区之间、行业之间、企业之间，都要打破封锁、打开门户，按照扬长避短、形式多样、互利互惠、共同发展的原则，大力促进横向经济联系
1986 年	国务院关于进一步推动横向经济联合若干问题的规定	积极推动和引导企业发展各种形式的经济联合，特别是跨地区、跨部门、跨行业的企业之间的经济联合，不得从本位利益出发加以干涉
1992 年	十四大报告	各地都要从国家整体利益出发，树立全局观念，不应追求自成体系，竭力避免不合理的重复建设和重复引进。积极促进合理交换和联合协作，形成地区之间互惠互利的经济循环新格局
2002 年	十六大报告	促进地区经济合理布局和协调发展。切实解决"大而全"、"小而全"和不合理重复建设问题
2007 年	十七大报告	推动区域协调发展，优化国土开发格局。遵循市场经济规律，突破行政区划界限，形成若干带动力强、联系紧密的经济圈和经济带
2011 年	"十二五"规划纲要	充分发挥不同地区比较优势，促进生产要素合理流动，深化区域合作，推进区域良性互动发展，逐步缩小区域发展差距
2016 年	"十三五"规划纲要	健全区域协调发展机制。创新区域合作机制，加强区域间、全流域的协调协作
2021 年	"十四五"规划纲要	建立健全区域战略统筹、市场一体化发展、区域合作互助、区际利益补偿等机制，更好促进发达地区和欠发达地区、东中西部和东北地区共同发展

自 20 世纪 80 年代开始，在中央政府大力推动下，全国各地相继兴起区域合作热潮，出现上百个形式多样的区域经济合作组织，它们可简要分为四类（见表 1 - 2）。

表 1 - 2　改革开放初期的区域经济合作组织

类型	组织
省（区、市）间的经济协作区（8 个）	华北经济协作区、上海经济区、东北经济区、西北五省区经济技术协作联席会、中南经济协作区、晋陕豫蒙宁能源基地、长江三峡经济开发区等

类型	组织
省（区、市）毗邻地区的经济协作区（39个）	南京区域经济协调会、晋冀经济协作区、长江三角洲、武汉经济协作区等
省（区、市）内的经济协作区（42个）	长白山经济协作区、苏锡常通经济协作区、江汉平原经济技术协调会、长株潭经济区、珠江三角洲等
城市经济技术协作网络组织（12个）	西北五城市经济技术联席会、长江沿岸中心城市经济协调会、东北五市三盟市市盟长联席会议、中国北方城市郊区经济技术协作网等

资料来源：根据张可云（2001：120~123）和殷存毅（2011：165）的研究编制。

这一时期，尽管区域合作组织蓬勃发展，但区域冲突仍普遍存在，地方政府间总体处于恶性竞争状态。根据张可云（2001：18~116）专门针对这一时期区域竞争进行的详细介绍，改革初期各地盲目引进和重复布局生产项目，揭开区域竞争的序幕，汽车、电子、钢铁、化工、机械等产业遍地开花；80年代末各地方政府为阻截外地产品进入开始进行市场封锁，设立各类市场关卡。而这上百个区域合作组织也并未充分发挥应有的作用。

1992年，中共十四大提出，我国经济体制改革的目标是建立社会主义市场经济体制，以利于进一步解放和发展生产力。此后，我国的全方位对外开放格局逐步形成。地方政府间从前一阶段直接就原材料和市场等展开竞争转向各自为政、独立发展，以相互竞争推动经济增长成为我国经济发展的主导模式。

各地方政府关注利用本辖区资源，纷纷努力打造投资平台，而各级、各类开发区，就成为地方政府参与招商引资竞争的重要平台。从1984年国家在天津、上海、大连和秦皇岛等14个沿海港口城市设立经济技术开发区开始，此后近30年里，随着我国经济发展及对外开放不断深入，开发区迅猛发展。截至2013年8月，仅以经济技术开发区和高新技术产业园区为计算对象，国家级开发区共有305个，遍布于31个省、自治区和直辖市，由各省、自治区和直辖市设立的高新区和经开区及其下辖市（区）、县和乡镇等自行设立的各级各类名为"工业区""园区""产业集聚区"的开发区更不计其数。根据汤志林和殷存毅（2012：156）的测算，截至2004年8月国家对开发区清理整顿前，全国省级开发区达1346个，地市级以下达5135个，平均每个区县至少有一个开发区。尽管我国对不同类型国家级开发区的发展定位不同，然而在中央政府"目录化"管理、地方政府"属地化"管理体制下，这些开发区都具有服务招商引资、最大化推动地方经济增长的功能（汤志林、殷存毅，2012：157；殷存毅、许焰妮，2013），和地方政府自设的各类开发区一起，成为各地参与增长竞争的排头兵。

二 "为增长而竞争"

张军和周黎安等学者综合财政分权、地方竞争与经济增长的经验研究成果，将我国地方政府这种以相互竞争推动经济增长的行为特点总结为"为增长而竞争"（张军，2005；张军，2008；张军、周黎安，2008：1）。在关于我国地方政府行为特点的研究中，这是最具代表性的观点。这一观点认为，中国特色的央地分权体制是产生中国地方政府竞争最主要的制度原因（张晏、龚六堂，2005；王永钦等，2007；方红生、张军，2009），即"向地方政府的经济分权……把巨大的经济体分解为众多独立决策的小型的地方经济体，创造出了地方为经济增长而激烈竞争的'控制权市场'"（张军，2005）。例如，地方政府间展开吸引外商直接投资（FDI）的招商引资竞争，就是一种重要的标尺竞争策略。分权体制加剧地方政府竞争，具体包括两方面。

第一，分权体制为地方政府竞争提供财政激励。在财政分权体制下，中央政府将经济管辖权逐步下放给地方政府，使其成为拥有资源配置权的独立利益主体，并且面临财政硬约束。因此，不同于计划经济体制下地方政府间的"兄弟竞争"（樊纲等，1994：213～214），财政分权体制下，地方政府间关系转变为独立利益主体间关系（官永彬，2011）。地方政府出于经济自利动机，为保护本地的资源、市场和税基等而展开激烈竞争（Qian and Weingast，1997；Qian and Roland，1998；银温泉、才婉如，2001；林毅夫、刘培林，2004）。

第二，分权体制为地方政府竞争提供政治激励。这一视角着眼于我国建立在财政分权基础上的政治集中制度，即中央政府对地方官员进行奖励和惩罚（官永彬，2011），并对地方官员采取以经济绩效为主的考核机制。因此，政治激励强化经济激励，嵌入经济竞争当中的政治晋升零和博弈进一步推动地方政府间竞争，形成以经济增长为基础的"政治锦标赛"模式（周黎安，2008：91）。从政治激励角度来看，尽管比较优势理论表明，地方政府可能通过分工与贸易来增加彼此的收益，实现双赢，然而，在政治晋升中，晋升职位数既定，一人被提拔意味着其他人就少了一个晋升机会，地方政府官员面临"你进我退"的零和博弈。因此，在这种博弈中，参与人只关心自己与对手的相对位次，他不仅有动力促进本地经济发展，同样也有动力去做不利于对手的事情，利己不利人的事情激励充足，而利己又利他的"双赢"合作则激励不足（周黎安，2004）。

三　"为增长而合作"

2000 年以来，尽管地方政府间竞争仍大量存在，但是通过相互合作来促进经济增长的实践也日益增多。本书称其为"为增长而合作"。特别是在一些经济较为发达的地区，地方政府间的合作实践，如长三角市长联席会议、泛珠三角经济合作等自发合作日益增多。合作内容更加丰富，从过去的以原材料、技术为主的经济发展合作，扩展到产业发展、交通运输、旅游开发、环境保护和基础设施建设等方面；合作形式更加多样，从过去以当地政府领导人或职能部门领导参与联席会议为主的形式，发展出经济协调会、城市联合体、地方政府联合行动（汪伟全，2010）、政府支持成立非营利组织和跨域合资开发等形式，如表1-3所示。

表1-3　当前区域合作的主要形式

类型	案例
联席会议	泛珠三角区域合作行政首长联席会议，杭州萧山区与丽水龙泉市高层联席会议
经济协调会	长三角城市经济协调会
城市联合体	辽宁沿海城市经济区联合体
地方政府联合行动	京津冀三省市联合防治森林病虫害
政府间协议	《长三角现代服务业合作协议》、合肥蜀山区政府与六安市寿县人民政府共同签订《寿县蜀山现代产业园区合作共建协议》
政府支持成立非营利合作组织	长三角园区共建联盟
跨域合资开发	江阴—靖江工业园，锡山—丰县工业园，苏州—宿迁工业园

资料来源：根据汪伟全（2010）及笔者的研究编制。

　　新时期的合作，有一些与上一阶段类似，仍具有政府主导、依靠行政指令直接进行跨区域资源配置的特征，"口号合作"和"文件合作"现象仍然存在。但总体来看，基于传统行政区划的闭合式治理方式，已远远不能适应区域化、信息化等复杂生态的治理要求，出现了一些新探索。在一些实践中，虽然政府仍扮演重要角色，但企业组织、行业协会和产业联盟等更多主体参与其中，推动合作模式创新，如政府间合资组建公司进行合作开发、政府支持成立非营利组织协调区域事务等。同时，市场机制在这些涉及发展资源分配的事务上日益发挥重要作用。

　　经济快速增长带来资源约束增强，新时期区域合作的重点之一就是基于土地资源的合作。一种做法是地方政府间直接就土地或土地开发指标进行交易。例如，2002年杭州市和海宁市进行土地交易，杭州市获得海宁两平方公里土地的开发使用权、行政管理权以及二次土地出让收益，而地块开发中和今后的工商税收则全额归海宁所有（罗小龙、沈建法，2006）。此外，地方政府间进行土地指标买卖、交易土地发展权的现象也比较常见，浙江的实践最引人注目，成为学界讨论的焦点（汪晖、陶然，2009；张蔚文、李学文，2011a，2011b）。

另一种做法，也是更具普遍性的方式，即经济发达地区与经济欠发达地区通过合作，共同开发土地资源。跨域共建产业园，又称异地共建产业园、异地产业园区、异地联合开发区、合作共建园和飞地园区等，是指由跨行政区划边界的两地，在一方境内共同设立产业园，共同开发、共享收益，体现"跨域共享发展"的理念。这一过程除资金和人员往来以外，还涉及不同程度的政府行政管辖权转移，因此也被视为"跨界的城市增长"（罗小龙、沈建法，2006）。这种形式已经在长三角、珠三角等经济发达地区大量出现，成为开发区建设及产业转移的新趋势（丁胡送、吴福象、王新新，2012）。

以长三角为例。2003 年江苏江阴市与靖江市共同出资建设江阴—靖江工业园，拉开长三角共建园序幕；2006 年江苏开始推动省内苏南五市和苏北五市南北挂钩共建苏北开发区；2012 年浙江出台政策推进九对县（市、区）协作共建九个省级山海协作产业园；2012 年安徽先后推动九对市（县、区）共建现代产业园区。此外各市、县和乡镇也开始自发合作。截至 2014 年 9 月，长三角地区上海、江苏、浙江、安徽四省市参与合作的共建园已逾 200 个（丁辰，2014）。本书整理了由地方政府或其下辖开发区跨地级市、跨省参与共建的 102 个共建产业园，部分显示于表 1-4 中。

表 1-4 长三角地区的跨域共建产业园

所在省	代表性跨域共建产业园（括号中为合作双方）
江苏省 （66 个）	江阴经济开发区靖江园区（江苏江阴市、江苏靖江市）
	上海杨浦大丰工业园（上海杨浦区、江苏盐城大丰）
	无锡蠡园贾汪工业园（江苏无锡蠡园高新技术开发区、江苏徐州市贾汪区）
	锡山—丰县工业园（江苏无锡锡山经济开发区、江苏丰县经济开发区）
浙江省 （16 个）	遂昌—诸暨山海协作产业园（浙江绍兴诸暨市、浙江丽水市遂昌县）
	上海漕河泾开发区海宁分区（上海漕河泾开发区、浙江嘉兴海宁市）
	嘉善鼎阳创新科技创新产业园（上海市张江高新区、浙江嘉善经济开发区）

续表

所在省	代表性跨域共建产业园（括号中为合作双方）
安徽省 （20个）	无锡惠山产业转移合作园（江苏无锡惠山区、安徽滁州市琅琊区） 阜阳合肥现代产业园区（安徽合肥市、安徽阜阳市） 海盐泗县产业园（浙江海盐县、安徽泗县） 郎溪经都产业园（浙江海宁经编产业园、安徽宣城市郎溪县） 南谯—川沙合作共建园（上海浦东新区川沙功能区、安徽滁州南谯开发区）

共建园这种区域合作载体，相比以往自上而下推动建立的区域经济合作组织，呈现三个新特点。

（1）从合作主体看，地方政府仍为主体，由下辖开发区执行。合作往往需由地方政府签订政府间协议或开展联席会议来达成合作共识，但不再由经济协作办公室或其他行政职能部门执行，而由辖区内承担产业发展职能的开发区执行合作；或由于行政级别不对等、跨行政区划或专业性等，直接由开发区牵头合作。

（2）从合作形式看，两地以职责和利益分配为核心自主选择合作模式。现实中存在托管、招商、帮扶等多样化合作模式。托管模式是指在一些共建园中，发达地区全权负责并派出管理团队进行开发管理，并获得园区开发的绝大部分收益，一般为5~10年，之后双方再按比例进行收益分享；招商模式是指发达地区主要负责特定产业或产业环节的招商引资，获得相当于到位投资的5‰~8‰的招商奖金，或分享项目收益；帮扶模式是发达地区仅承担特定产业招商职责或协助承担某些职能，且基本不从共建园获得经济收益，欠发达地区主导园区开发。

（3）从合作内容看，两地基于产业领域发展共识展开合作，而非直接以行政指令方式进行资金、人员、原材料等资源调配。共建园往往有明确的产业定位或产业发展方向，两地协力吸引目标企业入驻。

如果将改革开放以来我国大量出现的、作为地区经济增长极的各类开发区作为地方政府间"为增长而竞争"的主要平台，那么2000年以来蔚然成风的跨域共建产业园，则体现地方政府间跨行政区划开展经济合作、共享发展成果、推动经济增长的新做法，呈现"为增长而合作"特征，为我国探索突破行政区划边界、促进区域协调发展提供了新思路。

当前，国家层面也大力提倡以共建园作为新型区域合作平台。2008 年 9 月，国务院发布《关于进一步推进长江三角洲地区改革开放和经济社会发展的指导意见》，提出"有序推动异地联合兴办开发区"。2015 年 12 月，国家发展和改革委员会在《关于进一步加强区域合作工作的指导意见》中提出要支持有条件地区发展"飞地经济"，鼓励各地通过委托管理、投资合作、共同组建公司管理园区等多种形式合作共建各类园区。2016 年的"十三五"规划纲要中提出要"发展'飞地经济'、共建园区等合作平台"。2021 年出台的"十四五"规划纲要中继续强调要"完善区域合作与利益调节机制……鼓励探索共建园区、飞地经济等利益共享模式"。

第二节　本书研究问题与意义

一　研究问题

"为增长而竞争"的观点认为，中国特色的央地分权体制导致地方政府形成以相互竞争推动经济增长的行为特点。然而，在分权体制保持基本稳定、行政区划对区域合作的刚性约束仍然存在的情况下，又如何解释这些日益增多、形式多样的跨域共享发展现象呢？

因此，本书将聚焦一个中心问题：长期以来，在经济发展领域中，我国地方政府间都处于"为增长而竞争"的态势，为什么近年来越来越多出现"为增长而合作"？

为回答这一问题，本书将对以下问题作出解释。

（1）跨域共享发展何以出现，即区域合作产生的激励机制是什么。

（2）跨域共享发展何以实现，即决定区域合作模式选择的主要因素是什么。

（3）伴随从竞争向合作的转化，政府与市场的关系如何演变。

二　研究意义

（一）理论意义

首先，本书关于"为增长而合作"的分析，丰富了当前学界对地方政府行为特点的研究。在已有研究中，地方政府间"为增长而竞争"被认为是中国傲人经济业绩的动力源泉。本书揭示，竞争并非地方政府促进经济增长的唯一面向，当发展条件变化时，合作将成为其理性选择。

其次，本书关于发达地区与欠发达地区开展合作、推动产业转移的研究，丰富了区域经济理论中关于经济扩散问题的讨论。已有研究认为，市场力量在发挥极化效应扩大区域发展差距的同时，也将随着区域收入差距扩大、生产成本差距扩大而发挥扩散效应。然而，改革开放至今，我国的区域发展差距不断扩大。本书关于发达地区主动推动经济扩散问题的讨论，将有助于补充经济理论中对区域发展的研究。

最后，上述两点都涉及一个更加传统的理论，即政府与市场的关系，本书从一个新的视角，结合地方政府合作开发土地资源、共同吸引市场主体的实践，分析区域合作问题，为政府与市场关系的理论研究增添新的研究内容。

（二）现实意义

首先，这是关于当前区域经济发展中重大问题的研究。新时期我国的区域经济发展格局出现了新特点，有些地区进入后工业化时期，需要进行产业转型升级，但另一些地区仍处于工业化起步阶段。发展资源的空间分布不均衡导致经济空间与行政空间相互交织，需要地方政府治理方式和治理思维做出相应调整，跳出行政区划边界，在更大的空间范围内提高资源配置效率。本书所讨论的问题，就是土地资源约束增强时，地方政府如何通过相互合作，服务并引导企业的区域布局需求。

其次，这是关于新时期、新区域合作实践的研究，将有助于我国对区域合作机制和合作模式的探索。共建园作为当前中央政府大力倡导、地方政府积极采用的一种区域合作新载体，在实践中大量出现；地方政府间围绕园区开发进行权力和利益协调的一些做法，也为克服区域合作障碍、创新区域合作机制提供了新样本和新启示。

第三节　本书研究内容及方法

一　核心概念

（一）区域合作

本书主要分析经济发展领域的区域合作问题，现实表现就是地方政府间的跨域共享发展实践。从区域经济学的视角来看，"区域"是"一种社会经济活动的空间单位"（殷存毅，2004），是在"经济上具有同质性或内聚性的单元"（张可云，2001：171），是"经济活动相对独立，内部联系紧密而较为完整，具备特定功能的地域空间"（张敦富，2000：2），可以指"大到国家或省、小到地方行政区或地方管辖的行政辖区和政治辖区"（Armstrong and Taylor，2000：3）。区域经济学认为，只有将"区域"视为经济区域，才"有利于探讨区域运行的经济规律"（朱传耿、沈山、仇方道，2001：5）。由此，"区域"可被界定为"具有特定经济功能的空间单元"。

本书也遵循这一定义，强调区域的经济功能。在实践中，区域是建立在行政区划基础上的一定空间范围。例如我国宪法划分的省、地市、县、乡行政单位，是政治、经济、行政和社会等事务的基本单元；而行政区划内部的一些特殊经济区域，如经济开发区、高新技术产业园区、工业园区等各类开发区，具有更加突出的经济功能性（殷存毅，2004），是典型的经济功能区。

因此，本书关注的区域合作，主要指经济区域间的合作。在实践中，这些经济区域既包括各行政区划单位，也包括在各行政区划范围内的经济功能区，如开发区。我国的开发区是由地方政府设立和管理的，主要负责人一般由属地政府领导兼任，开发区管委会作为属地政府的派出机构，行使属地政府授予的经济管理权限和行政管理权限。[1] 由于现实发展的需要，2000年以来，越来越多的开发区管委会已经直接通过与所在地政府进行"以区代政"或者"区政合一"，演变为一级政府，全面履行政府职能。[2] 因此，开发区管委会运行及管理都充分体现所属地政府的意志，参与区域合作时，需要其所属地政府的政策支持或推动，表现出地方政府的特征。[3]

本书中，区域合作的主体，主要指地方政府。在当前经济发展领域中，由于跨区域尺度、跨行政级别的合作日益增多，因此，对地方政府的行政级别，本书并不进行专门限定。由于行政级别差

---

[1] 根据《国家高新技术产业开发区管理暂行办法》第8条的规定："开发区管理委员会作为开发区日常管理机构，可以行使省、自治区、直辖市、计划单列市人民政府所授予的省市级规划、土地、工商、税务、财政、劳动人事、项目审批、外事审批等经济管理权限和行政管理权限，对开发区实行统一管理。"根据《国家经济技术开发区管理机构职责》第32条的规定："国家经济技术开发区由所在市人民政府领导，实行中国经济特区的某些政策和新型管理体制，市人民政府在开发区设立管理委员会，作为市政府派出机构，代表市人民政府对开发区的工作实行统一领导和管理，协调市各部门、各单位与开发区有关的工作。"

[2] 例如，杭州高新技术开发区与滨江区合并（2002年），乌鲁木齐经济技术开发区与头屯河区合并（2011年），实行"两块牌子、一套班子"；北京亦庄开发区和大兴区合并（2010年），双方4名主要领导干部交叉任职，大兴区委书记兼任亦庄开发区的主任。

[3] 例如，江苏建湖县和上海嘉定工业园合作时，由建湖县委副书记、建湖开发区党工委书记与上海嘉定工业区党工委书记签约，园区建在射阳经济开发区境内。

异，或者处理合作事务的便利性或专业性，往往由地方政府工作部门或派出机构如开发区管委会，来执行合作，本书将这些由本级人民政府统一领导的部门或机构统称为地方政府。

由此，区域合作是指区域间为实现共同的经济利益，相互协商达成合作共识、制定合作协议，并据此履行相应职责、进行利益分配以谋求跨域共享发展的行为。而从合作主体来看，各地方政府间是无行政隶属关系的横向关系，彼此相互独立。

（二）区域合作的激励机制

本书讨论的区域合作的激励机制，是指推动区域间从相互竞争（或不合作）向合作转变的过程性机制。作为各区域的法定管理者，地方政府成为最主要的利益主体。在经济学中，激励机制就是促进人们努力工作的机制，旨在提高工作效率（泰勒，2007：16）。因此，讨论区域合作的激励机制，最后就落到讨论作为独立利益主体的地方政府从相互竞争到参与合作的激励来源及其作用机制上。

（三）区域合作模式

现实中，区域合作并非以统一形式进行，而是呈现复杂多变的安排。内容上，包括经济发展、人力资源、公共服务、基础设施等多方面合作；形式上，包括联席会议、经济协调会、城市联合体、政府间联合行动、政府间协议、成立非营利合作组织和政府间合资共建等多种方式。然而，无论何种类型的合作，都涉及一些共同维度，其中最主要的就是对主体间职责分配（分工）和利益分配（分利）的安排。

因此，本书所讨论的区域合作模式，表现为无行政隶属关系的各横向地方政府间，为实现合作目标，对双方权力划分和利益分配做出规定的制度安排方式。

（四）资源约束

发展地方经济时，地方政府需立足当地资源禀赋情况，如自然资源、区位、资本、劳动力和产业结构等，这些情况将影响地方政府在经济发展中的策略选择。资源约束就代表经济增长中资源需求与供给不平衡的困境。

现实中，我国经历了40多年高速发展，时至今日，"资源约束趋紧"已成为政策关注热点。例如，2012年党的十八大报告提及我国正面临"资源约束趋紧、环境污染严重、生态系统退化的严峻形势"，2016年"十三五"规划纲要指出我国"资源约束趋紧、生态环境恶化"。按照杜军、任景波（2013）的总结，我国经济发展中面临的资源约束，主要来源于资源错配导致的粗放型经济增长方式、产业结构失衡下的需求高企，以及价格扭曲下的资源无效利用。当前，土地资源约束已成为我国经济发展中面临的最主要资源约束之一。2021年的"十四五"规划纲要就提出"需要立足资源环境承载能力，发挥各地区比较优势，促进各类要素合理流动和高效集聚，推动形成主体功能明显、优势互补、高质量发展的国土空间开发保护新格局"。

而从相对量上，不同地区所面临的资源约束情况并不完全一致，衍生资源约束的异质性问题，根据经济学对经济集聚过程的讨论，经济发达地区往往面临劳动力、土地资源等约束，而欠发达地区更多地体现为对资本和技术的渴求。

本书讨论的资源主要指地区经济增长中的基础性要素资源——土地资源和资本。这里的土地资源主要指可用于工商业发展的可建设用地，资本主要指企业所掌握的流动产业资本。对不同地区，资源约束的内涵及程度有所不同。作为经济活动的基础性要素资源，土地资源和资本影响经济活动的"质"与"量"，体现为不同地区间经济结构的差别。

（1）发达地区主要面临土地资源约束，表现为发达地区的可建设用地约束。具体体现为，辖区内可用于建设的土地资源不足（存量约束），以及可建设用地指标约束（增量约束）。地方政府采取选择性供地策略——优先向利于产业结构调整、土地利用率较高的目标企业供地，而非目标企业则不供地或需要转移。

（2）欠发达地区主要面临资本约束，表现为欠发达地区相对发达地区而言，辖区内的企业投资不足，导致政府税源不足。具体体现为，相比于经济发达地区，欠发达地区不会对产业进行过多选择，采用"粗放式"发展的方式。

本书中，土地资源约束是最重要的资源约束因素，体现全国性趋势，这一约束在经济发达地区更为严峻，而欠发达地区的资本约束，则是与发达地区土地资源约束相对应提出的，以便于分析合作中的二地互动。

二　研究对象

本书主要基于对无行政隶属关系的横向地方政府间、跨行政区划在一方境内合作设立的跨域共建产业园的分析，来研究地方政府参与区域合作、实现跨域共享发展的激励机制以及合作模式（权力划分和利益分配）的选择机制。

之所以基于共建园来研究经济发展领域的区域合作，分析地方政府参与合作的激励机制以及合作模式，主要原因是，共建园的成立及管理涉及最主要的行为主体就是地方政府，它的行为目标及方式都需体现地方政府的意志。

（1）从合作主体看，共建园由来自不同行政区域的两地政府合作设立，由两地政府签订协议、建立政府间联席会议制度，对共建中重大事务进行沟通。

（2）从合作模式看，区域合作中的核心内容是地方政府间的权力和利益划分，两地政府通过对共建园开发中的职责（一级开发和二级开发）和利益（土地出让金、税收等）划分，决定双方在园区开发中的权责，并伴随不同利益分配安排，如对土地出让金、税收分配的划分。不同的权责分配安排，构成不同的园区管理模式。

（3）共建园被中央和地方政府作为区域合作新形式在地理空间

上大量出现。国家层面大力提倡，地方政府层面专门出台政策推动园区合作，为我们研究以横向地方政府为主体的跨域经济合作问题提供充足的实证分析样本。

本书的分析样本是 2003～2014 年长三角地区由经济较发达地区和经济欠发达地区的地方政府间跨地级市、跨省合作的共建园（名录见附录三）。

选择长三角地区，主要由于其经济发展迅速、行政区划复杂以及共建园的建成数量众多且形式多样。经济上，长三角地区作为中国最早和最成熟的现代意义上的经济区，被称为中国第一区域经济板块和世界第六大城市群，经济快速发展的同时，越来越多的城市也开始面临资源约束的问题，加强区域合作的经济需求也更加迫切；行政区划特点上，它涉及沪苏浙皖 4 个省（直辖市）①，行政区划分割对区域合作的影响更为显著，尽管珠三角地区的区域合作也是学术讨论的热点，但它在广东省内，仍属于省内的城市合作问题，因而长三角的区域合作更具代表性；同时，如前文所述，长三角地区共建园数量巨大、形式多样，为研究提供了丰富的研究样本。

需指出的是，本书的分析样本目前并不包括上海市内共建、同一地市内各区县共建的园区。这样操作，主要出于两点考虑。

（1）与研究内容的相关性较弱。上海市内的合作、同一地市内各区县的合作由于在同一市内，有较大的行政力量进行自上而下的协调，本书的讨论更多地集中在地方政府受资源约束下的自发合作。

（2）受数据可获得性的限制。这类园区往往不被地方政府认为是异地合作共建园，不进入省级单位对共建园的统计列表中，而是以某某开发区分园的形式存在，类似于中关村科技园石景山园等。根据笔者在上海市开发区协会的调研，上海市将市内的共建园区称为"小走出去"，而跨出上海的被称为"大走出去"，后者才计入

---

① 2014 年 9 月，《国务院关于依托黄金水道推动长江经济带发展的指导意见》明确提出，"长三角"是指以上海为中心，南京、杭州、合肥为副中心的城市群。

共建园统计中；① 同一地级市内各区县共建的，也存在类似的问题，如杭州经济技术开发区前进工业园区就是杭州经开区与萧山区合建的分园，不列入浙江省跨域共建园列表中。

三　研究视角

本书以强调产权、激励与经济行为间内在联系的新制度经济学（菲吕博腾、平乔维奇，2014：146）为理论研究视角。在我国地方政府作为辖区土地实际所有者的制度背景下，土地资源约束增强时，区域间围绕土地资源开发展开的合作，就涉及地方政府所拥有的产权。新制度经济学突破传统制度经济学中强调"所有权"的产权概念局限，将其进行拓展，即将产权与利益结合起来，认为"产权包括一个人或其他人受益或受损的权利"（德姆塞茨，2014：71），引导笔者将推动区域合作的激励来源，落脚到通过合作实现产权调整后可以为各区域带来的经济收益上；新制度经济学也引入产权的"可分割性"，使原本作为一个整体的产权，成为一个由"使用权""管理权""转让性"等 11 个特性组成的可拆分的"权利束"（霍里诺，2006/1961：217～220），便于分析横向政府间以权力划分和利益分配为核心的区域合作问题。

四　研究方法

本书采用建构主义和实证主义相结合的研究范式，并根据研究需要，运用定性研究与定量研究相结合的混合研究方法，对两种方法进行交叉使用，使之相互补充。

理论研究和理论建构。在进行文献研究和大规模调研访谈的基

---

① 访谈对象：上海市开发区协会某处处长等，共 3 位。访谈时间：2012 年 11 月 6 日。

础上，综合归纳提取出本研究的核心研究变量。本书选用新制度经济学理论视角，对土地国有以及区域合作中需要进行权力和利益分配的现实进行分析，以产权分析见长的新制度经济学则提供较为契合的理论工具。然而，理论中提供的解释变量往往是一般性变量，如交易成本，需要回到调研材料中寻找其具体表现，分析跨行政区划合作时的交易成本为何产生、如何表现。如此反复循环。再用演绎式的思维进行理论构建、建立分析框架和提出研究假设。

在实证分析阶段，选择案例研究和定量研究两种研究方法，检验研究假设。

案例研究。通过案例内分析和案例间对比，检验及修正理论假设。在区域合作的激励机制部分，分析代表竞争和合作的两个典型案例，验证土地资源约束在区域合作中的基础性作用；在区域合作模式选择部分，分析采用托管模式、招商模式和帮扶模式的三个案例，剖析三种不同模式的形成过程，总结模式选择机理，并通过案例内对比，对影响模式选择的假设进行检验。

定量研究。为提高所建构理论的外在效度，本书也进行定量研究。模型构建及变量测量主要来自前文定性研究的反复检验、修正，及调研访谈材料的支撑，在此基础上，通过对笔者利用公开数据和调研数据整理的 102 个共建园样本数据进行统计分析，验证关于区域合作模式选择的相关假设。定量分析的结果，并不完全与案例研究的发现相一致，避免只采用案例研究时可能出现的以偏概全。

综上，得到描述性推论及因果推论。

五 数据来源

本书的分析素材，主要来自以下三个渠道。

（1）文献资料和研究报告梳理。主要通过国内外学术期刊网站获取相关中英文学术论文，并通过学校和学院图书馆等途径收集相关著作；官方网站搜索、权威报道收集和地方政府直接提供等多种方式结合，针对代表性共建园进行政策文件及相关研究报告梳理，获得上海市人民政府发展研究中心《上海产业转移的现状、趋势和有序引导对策研究》（2011）、安徽省人民政府发展研究中心《皖江城市带承接沿海产业转移系列调研之一：上海异地工业园建设情况调研》（2010）等研究报告，整理对江阴—靖江园区、苏州—宿迁园区、泗县—海盐园区、外高桥—启示园区等共建园的专题研究。

（2）实际调研及访谈资料。2012年3月至2014年11月，笔者对相关开发区和共建园管理机构、政府部门、产业协会及园区共建联盟等进行调研访谈，与专家学者进行多次研讨交流，共赴长三角地区进行21场访谈，访谈53人次。以2012年11月为界，之前的调研主要了解上海与周边地区关系演变，探索从区域竞争转向区域合作的机制性过程及寻找影响因素；之后的调研聚焦共建园，通过调研访谈获得了通过文献资料难以直接获知的信息，如园区开发中的收益方式和融资方式、土地开发过程等，及两地进行权力和利益分配时的具体考量，具体访谈单位及对共建园的访谈提纲见附录一和附录二。

（3）通过公开渠道进行数据及政策文本、政府间合作协议收集。正式整理工作始于2013年6月，直至2016年1月，在这期间不断查漏补缺并筛选，确定截至2014年成立的102个由地方政府（含下辖开发区）共建的长三角共建园名录（见附录三），之后再进行各子项变量的数据查找，来源包括相关地区统计年鉴、统计公报、政府公告、政府文件和官方网站信息等，同时辅以调研访谈、权威媒体的新闻采访与报道、文献资料等进行数据核验。名录收集和各变量数据的主要来源，本书第五章表5-1至表5-4进行了详细说明。希望这项基础资料整理工作，可为后来研究者提供一点有用的线索。

六 本书框架

本书写作逻辑和框架如下。

第一章，跨域共享发展引发的理论思考。介绍研究背景、研究问题及意义、研究内容与研究方法等。

第二章，区域合作的理论研究。梳理国内外区域竞争与区域合作的相关研究，进行理论对比、分析研究不足，厘清区域合作研究的演进过程，阐明本书的理论切入点；在此基础上，基于新制度经济学的理论视角，依托"稀缺—依赖—秩序"的理论逻辑，构建本书的理论分析框架，提出六个研究假设。

第三章探讨跨域共享发展何以出现，即区域合作的激励机制。首先分析作为宏观制度环境的经济增长市场以明确地方政府目标定位和行为逻辑；之后通过对比我国传统开发区和共建园，显示合作和竞争两种状态下，横向政府间从产权独占到产权共享转变；继而分析触发区域合作的资源约束现状；在此基础上进行双案例对比，对第二章提出的合作机制相关理论假设进行检验。

第四章探讨跨域共享发展何以实现，即区域合作的模式选择。此章将继续基于对共建园的分析，根据两地间调整土地控制权及其利益的不同方式，归纳出托管、招商和帮扶三种合作模式；然后对采用不同模式的三个共建园进行案例内分析及案例间对比，以验证关于模式选择的四个研究假设。

第五章，区域合作模式选择的定量研究。通过对 102 个共建园样本数据的回归分析，从统计意义上再次检验模式选择的四个假设，以增强本书所建构理论的外在效度，并对变量间关系做出更准确的解释。

第六章是主要结论、理论对话和政策启示等。

第二章　区域合作的理论研究

区域合作与区域竞争是相对应的概念，两者共同构成区域关系的主要内容，后者提出的时间更早、相关研究也更成熟。因此，研究区域合作，首先需要梳理国内外区域竞争与区域合作的相关研究，剖析这两类研究各自的分析视角和研究现状，进而对两方面文献进行对比，以更好地找到从竞争向合作转化的逻辑基础。进而，对区域合作研究的发展演变过程进行梳理，从而找到本书的理论切入点及理论贡献定位。

在此基础上，利用新制度经济学提供的理论工具，构建理论分析框架，将产权调整机制及制度选择理论导入区域合作的激励机制及合作模式选择的研究中，据此提出研究假设，为后续研究奠定基础。

第一节　从区域竞争到区域合作

一　区域竞争

已有研究中，"地方政府竞争"比"区域竞争"更经常被用来描述区域关系。一般来说，"区域竞争"涵盖范围更广，包括政府、企业、居民等行为主体。如张可云（2001：199～240）认为"区域经济竞争"包括"区域间企业竞争""区域间集团竞争""区域间地方政府竞争""区域地方政府与中央政府竞争"等。由于地方政府在区域关系中的主导作用，许多学者也将"地方政府竞争""区域竞争"两者替代使用，例如曹广忠、袁飞、陶然（2007）就用"区域竞争"来表示地方政府间围绕吸引工业投资展开的竞争。由于本书关注的区域行为主体是地方政府，重点讨论无行政隶属关系的横向政府间关系，且为与研究主题"区域合作"相对应，统一用"区域竞争"来指代横向地方政府间的竞争。

我国学者对地方政府横向竞争有不同定义。张可云（2001：8）认为区域地方政府竞争包括两类：一是间接竞争，即"地方政府干预或介入企业与集团的经济活动，这种竞争会造成区域公共资源的过度利用"；二是直接竞争，即"地方政府之间在综合实力方面的较量，这种竞争所能利用的资源和手段较间接竞争更为广泛，为提升综合实力，地方政府会动用区内与区外各种资源，而且在多种可用资源用尽仍无法达到提升实力的目的时，地方政府就会祭起不合作大旗"。刘汉屏、刘锡田（2003）认为，地方政府竞争就是不同行政区域内的地方政府间为提供公共品，吸引资本、技术等要素，在投资环境、法律制度和政府效率等方面展开的跨区域竞争。周业安、冯兴元、赵坚毅（2004）也同样将地方政府竞争定义为各区域经济体内的地方政府为吸引流动性要素而展开的竞争，以增强竞争优势。卢大鹏（2009：31）将地方政府竞争界定为地方政府为获得或维持其他互不隶属的地方政府也试图获得的有形和无形的稀缺资源而采取的行为：一方面包括显性竞争，指地方政府为获取稀缺资源而采取的行为；另一方面包括隐性竞争，即因其他竞争性政府造成的压力，它不得不好好利用该稀缺资源，即地方政府间在治理和绩效方面的标尺竞争，往往表现为争夺发展优势而采取的行为。

综合以上讨论，本书将区域竞争定义为：作为区域法定管理者的地方政府，为获得其他与其不存在行政隶属关系的地方政府也试图获得的稀缺资源，而展开的相互争夺，既包括为获得资源而展开的直接竞争，也包括通过提高本地治理绩效而展开的间接竞争。这里的资源内涵比较宽泛，既包括具有空间流动性的企业和居民等，也包括上级政府提供的具有空间排他性的政策或财政补贴等。与对区域合作的界定相一致，本书主要讨论经济发展领域的区域竞争。

对区域竞争研究的梳理，将从制度、市场、组织、利益四个视角展开。

（一）制度视角下的区域竞争

制度视角是当前学界讨论区域竞争问题时最经常采用的视角。根据诺思（2008：3）的观点，制度是社会的博弈规则，即一些人为设计的、形塑互动关系的约束，它构造了人们在政治、社会或经济领域里进行交换的激励。这一视角从现行制度安排中寻找区域竞争的激励机制。

中国特色的央地分权体制是使中国地方政府竞争最主要的制度变量（张军，2008）。在这一央地关系格局下，地方政府为促进经济增长展开激烈竞争，以期在"政治锦标赛"中取胜（周黎安，2007）。这也是"为增长而竞争"观点的制度基石。

回溯至一般性分权理论。西方学者强调联邦制市场经济国家的分权体制对地方政府竞争的塑造作用。第一代分权理论主要讨论分权体制与公共服务效率问题。Tiebout（1956）认为，居民在不同地方间进行自由迁徙的"用脚投票"机制，反映对公共服务的真实偏好；地方政府间为吸引居民进入辖区，获得更多收入，而展开相互竞争，他在理论上证明地方政府竞争有助于提升资源配置效率、实现帕累托最优。在此基础上，Oates（1993）指出，分散的地方政府通过贴近辖区需求的公共产品供给，使全社会福利增加。Breton（1996）提出"竞争性政府"（competitive governments），认为联邦制国家中政府间关系总体是竞争的，地方政府迫于选民和市场主体的压力，需要供给合意的非市场供给的产品和服务。第二代财政分权理论结合中国和俄罗斯等转型国家的发展实践，跳出对公共品供给的讨论，把财政分权和地方政府的激励及相互竞争联系起来（张军，2008：4）。钱颖一、Weingast（2008：36～38）认为，在央地进行层级内权力划分且该权力分配由于制度化的地方自主权存在而具有可信的持久性，以及在其地域范围内承担经济发展责任且面临预算硬约束的情况下，地方政府间通过提供最好的地方公共产品和保护要素所得权益，吸纳资本和劳动力等流动性生产要素，并在财政上慎重行事，减少对企业经营的直接干预。

两代分权理论的共同理论前提是地方政府面临财政硬约束，以及促进增长的发展要素可自由流动。在第一代分权理论中，发展要素指可以自由迁徙的居民，在第二代分权理论中，发展要素指具有流动性的资本和人力。综上，本书将制度视角下地方政府间"为增长而竞争"的行为逻辑总结为"分权→竞争→增长"。

（二）市场视角下的区域竞争

市场视角下的区域竞争研究，关注市场力量对地方政府竞争行为的影响，涉及政府和市场在区域经济活动中的关系，包括以下三方面。

第一，市场力量通过扩大区域发展差距强化竞争。在区域经济研究中，讨论区域间经济差距的相关理论主要是均衡发展理论和非均衡发展理论。前者由罗丹的"大推进"思想和纳克斯的"贫困恶性循环理论"等一系列理论构成（安虎森，2015：129~130），认为随着要素区际流动，区域间发展差距将缩小。然而，学者们对平衡发展理论展开猛烈抨击，提出了非均衡发展理论。赫希曼提出"不平衡增长论"，认为经济进步并不能使空间均质化，经济进步的巨大推动力将使经济增长围绕最初的出发点集中，出现增长极，因此经济增长不可避免将导致区域增长不平衡，并提出极化效应和涓滴效应，并强调政府应该干预以防止经济发展差距过大（安虎森，2015：131）。缪尔达尔提出"循环累积因果论"，认为"市场的力量通常倾向于增加而不是减少区际不平等"，由于经济在空间上的非同时和非均质发展，一些有既得优势的地区会继续吸引有利发展因素，加剧区域不平衡发展，进而发生两种经济效应：一是回流效应，即生产要素不断从不发达区域向发达区域集中，从而扩大区域差距；二是扩散效应，即生产要素从发达区域流向欠发达区域，从而缩小区域差异。他认为在市场机制的作用下，回流效应远大于扩散效应，最终使发达区域更发达，落后区域更落后（安虎森，2015：132）。

无论是提出"回流效应"与"扩散效应"的缪尔达尔，还是提出"极化效应"和"涓滴效应"的赫希曼，都认为市场机制本身将扩大区域差距。在基础设施、公共服务和市场影响力等方面有更大优势的经济发达地区，可吸引更多资本和劳动力进入，产生极化效应。同时，两地技术水平不同也会产生资本收益率差异，在资本自由流动的完全市场中，极化效应将会超过扩散效应，扩大区域发展差距。巨大的地区发展差距，成为经济一体化的阻碍力量。

第二，具有发展型政府特征的地方政府并不会任由市场发挥作用、扩大区域差距，而是会竭尽所能地争取投资项目，避免在经济发展竞争中处于不利地位，更有甚者，会倾向于干预市场机制，以改变这种状态，在现实中表现为人为的市场分割、贸易壁垒和阻止辖区内企业向外流动等现象。马海龙（2014：81~85）对京津冀城市群的分析，展现了由于三省（市）投资环境和招商引资能力差距较大，在现有行政区划安排下，各地区从本地利益出发进行经济布局，在规划上的各自为政，进而催生产业同构、重复建设等问题。孙久文、邓慧慧、叶振宇（2008）也将困扰京津冀都市圈区域合作的原因归为区域内巨大的发展差距。

市场力量直接推动地方政府间竞争，这类似制度视角下针对分权体制的分析。企业为降低成本、获取更多利益，会进行空间上的自由流动，而地方政府通过降低土地成本、提供税收优惠等吸引企业投资的行为，本身也是受市场价格机制引导、回应企业需求的行为。同时，市场力量会规范竞争行为，使地方政府由恶性竞争向市场环境、政府服务、经济互补等规范化竞争转变（刘汉屏、刘锡田，2003）。

第三，市场经济体制及相应制度建设的完善程度，会影响地方政府在区域经济关系中的行为选择。殷存毅（2004）分析了20世纪80年代我国大规模出现的数百个区域合作组织与地方保护主义盛行的"诸侯经济"并存现象，认为其中一个重要原因就是当时市场机制不健全，政府直接干预国有企业生产经营活动，区域间为资源获得而展开恶性竞争，对商品和要素流动设置障碍，产生大量低水平重复建设。随着市场经济体制建立，民营经济和FDI（外商直接投资）等非国有经济部门在经济发展中的作用开始凸显，市场影响大于政府影响，企业出于降低经营生产成本或者扩大市场占有率等方面考虑，进行生产经营横向联合，形成跨行政区划的产业网络。面对经济发展的迫切需求，地方政府为更加充分利用区外市场和资源以扩大经济腹地（殷存毅，2004），需要主动与毗邻地区协商合作。

以上分析表明，在市场化进程中，政府具有理性经济人属性，有追逐自身利益最大化动机，这不仅激励其展开吸引资本的直接竞争，也驱使它们运用所掌握的行政权力等去影响和干预市场配置资源，包括产品贸易、资本市场、企业跨区并购和地方直接干预行为等，同时也有可能推动其展开跨域协调合作——市场经济体制建立本身为地方政府间展开分工与合作提供可能。

（三）组织视角下的区域竞争

组织视角下关于区域竞争的讨论，主要将各地方政府视为一个具体组织，从组织特征角度对地方政府竞争行为进行解释。

第一，从组织结构角度分析组织间竞争行为，认为地方政府的组织属性本身会导致横向竞争或协调失败，代表性因素包括本位主义和组织目标偏移。①维护本组织利益或权力导致的本位主义问题（李长晏，2012：42）。官僚组织内部通过劳动分工实现高度专业化，使组织具有较强自上而下执行能力，却导致跨行政区划间各横向地方政府或各政府部门间协调困难。基于对"地盘"（turf）或"领域"（territoriality）的捍卫及算计，各组织出于对组织本身、地位及财富名望等的保护与考虑，表现出争功诿过、力求最大化本组织利益的行为特征。②导致组织忽略或改变既定目标的目标偏移（goal replacement）现象产生。例如，汤志林、殷存毅（2012：184）讨论了在中央政府目录管理和地方政府"属地化"管理体制下，国家级高新区偏离国家设定的自主创新目标，成为地方政府竞争流动性产业资本的招商引资平台。同样地，从地方政府工作人员角度来看，公务员对有利其升迁或保障其安全的事务表示出自私性忠诚，这就有可能不利于实现官僚系统整体目标（李长晏，2012：42）。

这就产生两个疑问：①具有本位主义、服从地方发展偏好的地方政府自发采取行动克服组织阻碍、推动横向合作的激励是什么？②当前已有合作模式主要体现两地政府间不同程度的权利共享，以及由行政组织、企业组织甚至网络组织进行的不同程度混合，那么，地方政府又如何在这些多样化的合作模式中——放弃部分治理权力及其伴生利益与其他地方政府共享，或是放弃对官僚组织的路径依赖而采取其他类型组织形式——进行选择？

第二，从资源短缺角度分析组织间竞争行为，组织视角下的区域竞争研究认为资源本身的稀缺性，决定组织间竞争本质，导致组织间可能为有限环境资源和机会展开外部竞争。如果不对地方政府内部各部门进行细分，将单个地方政府视为一个组织，其行为逻辑在很大程度上与从制度视角讨论的财政分权体制下各地方政府行为逻辑相一致（蔡玉胜，2007）。处于短缺状态的资源属性不同，可能导致地方政府在竞争中的策略选择差异。对于在市场中（相对）自由流动的要素资源，如资本、劳动力等，根据前文对财政分权体制的分析，地方政府采取改善地方投资环境、改善公共产品供给等方面的横向竞争措施，吸引要素进入本辖区。对于不可从市场中获得但可在不同地区间进行流动的要素资源，如由中央政府提供的选择性政策等，地方政府间则展开直接竞争，通过游说及各种网络关系，促进中央政府供给利于本辖区经济发展的政策资源（汤志林、殷存毅，2012：91）。

（四）利益视角下的区域竞争

相比制度视角、市场视角和组织视角，利益视角更接近一个综合性视角，利益视角下的区域竞争研究把区域竞争关系的形成和发展归于区域利益驱动。地方政府作为"地方各级国家权力机关的执行机关，是地方各级国家行政机关"，被赋予对所辖地区经济、社会等进行综合管理的权力，一般被认为是地方利益的代表（张可云，2001：176）。而地方政府利益则受到国家制度环境、区域经济发展水平及市场经济体制完善程度、政府这一科层组织的组织特征等因素的影响。利益视角的优点在于，逻辑线索比较明晰。

第一，区域竞争形成是区域利益主体追逐利益的结果。张可云（2001：239）认为现有行政区划分割下地方政府间刚性利益矛盾冲突导致区域竞争出现："一个区域内多个利益主体结成集团因而与其他区域展开竞争，其基本目的是扩大自身的利益共同空间并压迫对方的利益空间。"杨爱平（2011）认为，在我国现行分权体制和晋升博弈所决定的垂直激励机制下，地方政府间利益激励不相容，致使地方政府间激烈竞争。江飞涛、曹建海（2009）认为，地方政府追求私人利益的寻租行为和对微观经济不当干预，直接导致重复建设、过度投资及产能过剩等恶性竞争。

从研究方法看，博弈论方法是最常被用到的方法，地方政府被视为最重要的博弈主体。许多研究在分析地方政府间关系时都运用了"囚徒困境"博弈。周黎安（2004）认为地方政府官员间在政治晋升时面临"你进我退"零和博弈，并据此解释地方政府间的合作困境。母爱英、武建奇（2007）则将政府间关系抽象为纵向央地关系和横向地方政府间关系，将竞合关系的选择视为一个动态博弈的互动过程，地方政府会对中央激励做出策略性反应。

第二，忽略利益分配或利益分配机制不合理，阻碍区域竞争向区域合作转化，例如汪伟全、许源（2005）认为，财税体制不合理，缺乏促进府际合作的利益分享、补偿机制和科学的绩效考核体制，阻碍地方政府开展深入合作。

二 区域合作

区域合作是与区域竞争相对应的一个概念。20 世纪 60 年代开始，随着"竞争性政府"概念的提出，大量美国学者开始关注碎片化联邦体制（fragmented and disarticulated state）（Frederickson，1999）下的政府间合作问题（intergovernmental cooperation），也有学者认为美国的联邦体制本身就代表一种合作关系，"the most enduring model of collaborative problem resolution"（McGuire，2006）；此外，合作也是一个从理论推演出来的概念，包括 Olsen（1965）提出的"集体行动"（collective action），Axelrod（1984）的"合作进化理论"（the evolution of cooperation）和 Ostrom（1990）的"制度分析框架"（institutional analysis）。更大程度上，跨域政府间合作问题体现现实发展需求，主要包括应对交通、环保、治理等跨行政区划、跨部门的棘手问题（wicked problems），通过跨部门融合（intersectoral integration）解决现实问题及回应公民日益多样化的公共服务需求。

我国学者开始大规模关注区域合作问题，更多是为了应对地方政府间竞争产生的大量消极影响提出解决方案，体现理论界对现实需求的回应。区域竞争虽在一定程度上促进地方经济发展，但在全球化、工业化和城市化进程中，已越来越不能满足现实需求，这促使区域合作出现。

当前，对经济发展领域区域合作的关注仍是主流，但有关旅游、环保、公共服务等方面的研究也日益增多。结合本书研究问题及研究对象，文献梳理将集中于两个问题：①与区域竞争对应，区域合作产生的原因是什么？②区域合作模式的选择受哪些因素影响？

（一）制度视角下的区域合作

与区域竞争研究相类似，学者们也试图从现行制度中寻找区域合作激励机制。除关注宏观制度以外，也从制度经济学视角出发，分析阻碍区域合作的因素，并对区域合作模式设计提出建议。

第一，现行制度安排下的区域合作激励。谢庆奎（2000）做了一个综合性表述，将地方政府间的合作关系视为正式制度与非正式制度共同作用的结果，正式制度包括国家结构、经济管理、政党等制度，而非正式制度则涵盖人际关系和文化传统等。在这个意义上，地方政府间的合作本质上是一个互动过程，包括政府与政府间、政府与制度环境间的互动。就非正式制度而言，他指出相邻地区的人际关系互动也将有利于合作产生。

影响区域合作的正式制度中，最主要的仍是纵向央地分权体制，即我国以层级财政分权和政治集中共同构成的分权体制。根据已有研究，这一体制对区域合作的影响表现为两方面，即阻碍作用和促进作用。①阻碍作用表现为现行体制为地方政府间"为增长而竞争"提供天然土壤。例如，陈剩勇、马斌（2004）认为在体制转轨过程中，行政性分权下的央地权力结构、地方政府的政绩考核制度、政府机构膨胀与地方财政面临的困境，以及计划经济时代以来形成的不合理的工业布局，共同构成合作的体制性障碍。②促进作用，首先表现为中央政府或上级政府的直接推动。谢庆奎（2000）认为，在单一制国家中，地方政府合作的积极性很大程度就取决于中央政府行政权、财政权的下放情况。张紧跟（2009）提出，由于发展往往涉及地方利益调整，特别是公共性问题，单一地方政府无法有效处理这些问题，就需由上级政府进行统一协调。更重要的是，当前我国的财政分权体制，也为区域合作的产生提供可能空间。周黎安（2004）认为，财政分权体制必然导致竞争，但并不代表合作不能产生，纯经济竞争中合作的正收益可激发贸易和合作积极性。

第二，从制度经济学出发分析区域合作。核心问题包括以下两个方面。

（1）交易成本问题。行政区划分割为地方政府间合作设置过高交易成本，阻碍区域合作。冯邦彦、周孟亮（2005）认为，由于存在较高交易成本，如寻找交易伙伴时的搜寻成本、保障合作顺利开展的监督成本及缔结合作约定的谈判成本，地方政府间合作难以进行。卓凯、殷存毅（2007）认为，现有行政区划的体制性障碍是合作需要解决的根本性问题之一。

（2）利益分配机制不合理导致合作激励不足。杨爱平（2011）认为，现有央地关系下的垂直激励造成地方政府间激励不相容，进而阻碍合作，因此需要建立一种平行激励机制，促进地方政府间利益分配、利益协调、利益补偿和利益让渡，从而实现制度化合作。卓凯、殷存毅（2007）则把为发展水平不同的成员提供合作激励，视为促进合作时需要解决的另一个根本问题。杨逢珉、孙定东（2007）认为，为避免合作博弈失败，必须建立利益分享和补偿机制。

在此基础上，学者们对区域合作的制度设计提出不同建议。张成福、李昊城、边晓慧（2012）提出八个机制：利益机制、互助机制、沟通机制、协商机制、信息机制、资金机制、规划机制和评估机制。覃成林（2011）提出区域协调发展机制体系，由市场机制、空间组织机制、合作机制、援助机制和治理机制构成。陈国权、李院林（2004）提出政治对话机制、利益调节机制、问题磋商机制以及权力调控机制四大机制。刘祖云（2007）主张的府际治理机制，则体现命令机制、利益机制与协商机制三者的并存与整合。

（二）市场视角下的区域合作

市场视角下的区域合作研究主要从政府与市场间关系出发，讨论政府在区域经济一体化中的积极作用，以及市场力量对区域合作的积极影响。

第一，从经济学角度出发，市场视角下的区域合作研究认为区域合作可以提高生产效率。经济学基于资源配置或产业布局规律，将区域合作视为顺应市场需求的必然选择。区域作为开放的经济空间，任一经济区域都难以独立于其他区域而存在；在市场经济和经济全球化背景下，区域间必然存在密切的经济联系，需在资金、人才、生产要素和产品等方面保持持续交流，因此，区域合作将有利于推动要素流动及区际产业合作，形成协同效应，提升整体发展效率（杜传忠、刘英基，2013：10~12，73）。从"比较优势"理论、"要素禀赋理论"开始，竞争优势理论、产业内贸易理论、新经济地理学理论等陆续出现，从区际产业分工角度分析区域合作。Keller（2004）从国际贸易的视角，指出劳动生产率水平是决定区域收敛与发散的一个重要因素，区际贸易和区际外部性（学习效应）将有利于促进技术扩散，实现经济一体化。Yin（2003）则基于内生增长模型分析区域合作的激励和效应，认为合作带来的均衡增长率远高于保持自给自足时的增长率。

然而，市场并不会自动达成互利共赢，正如前文分析市场视角下的区域竞争相关理论时所强调的——极化效应与扩散效应并存。整体来看，市场倾向扩大区域差距，强化区域竞争，在促进区域合作方面市场是失灵的。因此，在社会主义市场经济体制下，政府不能对经济活动实行无为而治，而须积极承担责任来防止经济发展差距的进一步扩大，通过建立协调机制消除行政区划对经济发展造成的不利影响，积极推动区域经济一体化（井西晓，2008）。然而，从这一视角进行的讨论，类似一种应然讨论，偏重规范研究，以观点性的判断为主，强调合作可能带来的经济收益以及合作的必要性，但在如何顺应市场规律促进区域合作等方面的研究并不充分。

总体来看，正如卓凯、殷存毅（2007）所评价的，已有研究只回答了"为什么"的问题，而在"如何做"的方面研究不够。值得注意的是，政府与企业的行为激励和运行规则不同。激励方面，对政府而言往往经济激励与政治激励并存，对企业而言则以经济激励为主；规则方面，政府行为须符合组织运行规律、政治规律，企业行为则主要遵从市场规律。

第二，市场视角下的区域合作研究认为市场力量将推动地方政府展开合作，强调利用经济活动集聚与扩散的规律促进跨域经济合作。根据新经济地理学的观点，集聚是生产活动的基本特征，企业为追求规模效应会高度集聚，在市场力量下某一经济空间内将内生性地出现经济发达的中心地区和相对落后的外围地区的分化（Krugman，1991）。然而，经济增长到一定阶段后，中心地区将产生拥挤效应——资本和土地等要素边际收益递减，过度集聚可能带来生产成本过高，企业向外转移，进而产生区域经济扩散。行政区划间生产成本和生产条件的差异，将促使行政区划间进行产业分工，促使地方政府间进行经济合作（上海财经大学区域经济研究中心，2003：298）。靖学青（2002：22）认为，各行政区域间的劳动力要素、资本要素、技术要素等基础性生产要素禀赋差异较大，使不同地区间的要素价格和收益情况不尽相同，因此出现生产要素跨区域流动现象，进而产生区域合作。

已有研究认为，市场经济体制本身为地方政府展开分工与合作提供了可能，改革开放以来推行的改革、开放、搞活政策，使地方政府间的关系由冷变热，协商合作、互惠互利的府际合作开始活跃（谢庆奎，2000）。然而，不容忽视的是，尽管市场力量为区域合作奠定了基础，但跨域产业合作未必一定能够促成政府间合作。例如，企业间可能已经形成跨地区生产网络，但从企业间合作到地方政府间合作仍有较长距离，长三角地区就是一个典型例子。笔者调研时获知，以电子信息产业为例，上海松江工业园、苏州工业园和昆山开发区合起来，基本可以形成一条完整的产业链，即"加起来就是全球笔记本电脑产业了"①，但三区所属城市的地方政府间竞争仍然异常激烈。

（三）组织视角下的区域合作

与组织视角下对区域竞争的讨论类似，这一视角下的区域合作研究从组织特征角度对合作驱动力和合作行为选择等方面进行分析。

---

① 访谈对象：江苏昆山市发展和改革委员会某科科长等，共 3 位。访谈时间：2012 年 3 月 6 日。

第一，对合作模式的分类。由于合作产生的社会经济环境、领域以及合作的内容等不同，区域合作的模式也复杂多变。学者们从不同角度对合作模式进行分类。按合作主体，分为"政府主导模式"、"企业主导模式"（曹阳、王亮，2007）以及"多头并举模式"（刘玉亭、张结魁，1999）；按合作关系的结构安排，分为以资本产权为纽带的"产权型合作模式"、以长期契约为纽带的"联盟型合作模式"和基于短期协议或合同的"松散型合作模式"（曹阳、王亮，2007）。美国新区域主义研究学者 Hamilton（2014：33）基于美国大都市地区发展实践，从结构维度和治理维度对合作模式进行分类：结构维度用以表示是成立一个集权化（centralization）的组织来管理合作还是保持多元主体（polycentric）协力状态；治理维度区别于结构维度，更多用来描述合作的方式是倾向于集权（centralization）还是分权（decentralization）。

第二，针对组织特点，强调需适宜的组织设计来推动区域合作。鉴于组织的属性本身会导致横向竞争或协调失败，为地方政府间合作设置障碍，如何克服由组织的分工和专业化带来的协调困难就成为一个重点问题。一个共识性判断是政府主导、政府直接合作会使合作陷入僵局，容易导致某一方单方面主导或者形成"空有形式"的合作（杨爱平，2011；蔡玉胜，2007）。王健等（2004）提出的"复合行政"思想，陈瑞莲和孔凯（2009）倡导的"区域公共管理"，吴光芸、李建华（2009）认为需要推动非政府组织参与并且可由政府出面在必要时组织建立跨行政区划的非政府组织等观点，都致力于解决这一问题。

第三，基于资源依赖理论解释区域合作的产生。资源紧缺不仅是政府间竞争行为的驱动因素，也常被用来解释政府间合作。Pfeffer 和 Salancik（1978）提出的资源依赖理论（Resource Dependence Theory）为理解组织间关系和组织间合作结构提供了很好的分析框架，被国内外学者广泛运用于各类联盟关系分析，如用于研究企业与核心供应商间的正式或非正式关系（Park, Rethemeyer and Hatmaker，2014）和非营利组织如何对外展开合作（Ulrich and Barney，1984）等。其中，资源包括物质性资源（如资金）以及社会性资源（如影响力），不仅对组织能力和组织生存至关重要，也具有稀缺性和难以获得性；组织间基于资源互补性的相互依赖将不同组织紧密联系在一起，合作实质上成为组织间由于资源不足而实现自愿交易的方式（Park and Rethemeyer，2014）。

（四）利益视角下的区域合作

当前，利益关系分析日益成为区域合作研究的一个重要视角。越来越多学者开始关注利益协调，并将其从政府间关系拓展到其他区域治理主体间关系（如王佃利，2006；王志锋，2010）。从合作源起到合作形式，已有研究进行了大量讨论。

第一，从合作源起看，合作产生的原因在于利益驱动。谢庆奎（2000）认为，利益诉求是地方政府间合作关系的真正内涵，决定地方政府间财政关系、行政关系和权力关系，这三个关系是利益关系的具体表现；地方政府的利益诉求具有多样性，涉及政治、经济、社会甚至生态环境等，但经济利益仍然是当前区域利益中利益诉求的主要内容，经济利益也成为推动地方合作的重要力量，经济合作成果将推动合作继续进行。齐亚伟、陶长琪（2013）分析区域环境问题时发现，跨域治理合作机制能否形成，取决于各地方政府通过参与合作获得的收益是否大于不合作时。具体来看，地方政府在合作中的利益，既包括税收等经济利益，也包括我国现有的体制安排下的非经济利益。因此，合作的目的不仅为降低交易成本，也为创造合作剩余（吕翔，2014：41）。吴蕾（2007）通过构建一个地方政府间税收合作博弈模型发现，在完全市场经济条件下，只要双方合作收益大于不合作时，那么即使参与者并非完全理性，双方也会相互学习、适应和调整，最终都会选择合作以实现双赢。

在分析利益的驱动作用时，学者们注意到利益的分类。一种分类方式是区分绝对收益与相对收益，认识到在晋升锦标赛的格局下，相对收益在驱动合作时的作用强于绝对收益。正如周黎安（2004）提出，在晋升博弈中，参与人只关心自己与对手的相对位次，因此利己不利人的事情激励最充足，而利己又利他的"双赢"合作则激励不足。麻挺松（2005）的研究表明，相较于绝对收益，合作中相对收益的多少对地方官员代理绩效的排位会产生重大影响，因而合作难度较大、绩效较低，他将这种现象归咎于中国转型过程中地方政府履行职责时更多依据行政性经济代理合约。另一种分类方式划分了实际收益与期望收益（或预期收益）。黄伦涛（2012：34～37）基于对江苏南北共建园的案例分析得出，合作使预期收益增大，是合作产生的前提条件的结论。

第二，利益视角下的区域合作研究认为区域合作形式的核心在于利益分配安排。例如，Gately（1974）就运用博弈论方法，基于对电力投资领域的分析，解释区域合作中的利益分配。利益分配机制设计的相关研究，在前文讨论制度视角下的区域合作时进行过梳理，此处不再赘述。

三　从竞争到合作：理论对比与研究不足

下文将主要从制度、市场、组织和利益这四个视角，将区域竞争和区域合作的理论进行对比，为寻找从竞争转向合作时需要的"触发机制"奠定基础，以利于找到本书研究区域合作问题的切入点。

（一）制度视角

制度视角下，竞争理论与合作理论，都试图从现行制度安排中解释地方政府行为选择的内在逻辑。其中，我国现有的央地关系格局，特别是财政分权和政治集中相结合的分权体制，被认为是区域关系的主要制度变量。竞争理论强调分权体制对竞争的驱动作用；而合作理论，一方面强调分权体制是我国区域合作进展缓慢的主要因素，并倡导加强中央政府或上级政府的推动作用，为区域合作扫清障碍，同时，也将以往合作中上级政府直接推动合作成效不彰归因于分权体制导致的激励不足及行政区划分割下的交易成本增加；另一方面，分权体制本身也为区域合作留出可能空间——当合作出现正收益时。

制度视角下的区域研究注重国家宏观治理体制对地方政府行为的塑造作用，同时，将地方政府视为独立利益主体，重视特定体制下地方政府间合作的权力交易、利益分配和交易成本等关键性问题。然而，已有研究的不足又启示研究者展开更深层思考。

从竞争理论来看，如果分权体制导致地方政府间"为增长而竞争"，那么，在我国整体的分权体制保持基本稳定的情况下，如何解释近年来地方政府间越来越多通过协调合作带动经济发展的"为增长而合作"？合作理论认为，分权体制虽然阻碍合作，但是当合作产生正收益时，竞争将有可能转向合作。那么，我国的分权体制到底在横向政府间关系中发挥什么作用？两方面理论对比显示，分权体制更多发挥一个基础性制度环境的作用，它决定我国地方政府追求利益最大化的行为逻辑，却不必然引起竞争或引发合作。正如合作理论强调的，需要有合作"正收益"出现。然而，如果只考虑分权体制本身则不能准确把握这一转变条件。

制度视角下，对地方政府在经济发展中依赖的要素资源的讨论，为回答这一问题提供启发。在竞争理论中，无论是第一代分权理论还是第二代分权理论，都认为分权引起地方政府间竞争隐含一个基本前提，即对地方政府而言，有利于保障及增加地方政府财政收益的流动性要素资源是稀缺资源，其需利用辖区内已有资源提供公共产品（第一代分权理论中为公共服务，第二代分权理论中为交通基础设施等），以吸纳居民或者企业等流动性要素资源进入辖区。但是，当辖区内的已有资源，特别是非流动性、不可交易的资源（如土地、港口等自然资源）也稀缺时，地方政府的行为逻辑又是什么？具体来说，当流动性资源稀缺时，地方政府间展开激励竞争是促进经济发展的必要手段，而当非流动性资源稀缺时，以竞争促增长的路径是否仍然可行呢？地方政府并不是直接生产者，经济增长绩效、财政收入等最终将依赖企业，而企业对要素资源的需求更多受市场机制引导。这就要求研究者考虑合作"正收益"出现时的企业作用。

（二）市场视角

市场视角下，竞争理论和合作理论，都强调市场力量形塑区域关系的作用，涉及政府与市场关系。从经济发展规律来看，存在经济集聚与经济扩散两个过程，竞争理论讨论了经济集聚带来的区域差距将强化地方政府竞争，而合作理论则关注经济扩散中的政府角色，认为政府应当在其中发挥积极作用，同时扩散将驱动地方政府合作。两部分研究都强调面临生产要素跨区域流动和企业跨区域生产布局时，地方政府不得不做出适应性调整。

在讨论经济发展领域的区域合作时，研究者认识到市场作用必不可少，即使是在具有发展型政府特征的中国，即各级政府在经济发展中承担重要作用，企业仍然是经济发展的主体。随着市场经济体制建立，地方政府直接干预企业生产的职能弱化，一方面政府需适应企业需求提供相应服务，另一方面也需发挥积极引导作用。

然而，市场视角下的研究也存在一些不足，最突出的就是对区域合作中的政府角色与市场力量的研究存在断层。

第一，对政府角色的讨论，仍然以应然研究为主，偏重于规范研究，对市场力量关注不足，强调合作可能带来的经济收益以及合作的必要性，认为地方政府应该主动去适应经济发展需要，打破行政区划割据局面，导致对如何顺应市场规律展开区域合作的讨论停留在一般化建议层面。现实中，政府进行产业规划或上级政府进行合作协调时，政府政策与市场需求不一致，最终导致合作成效不彰或出现大量停留在政府间协议的伪合作现象，这就提醒研究者须关注政府角色与市场需求的一致性。

第二，对市场力量的讨论，集中于理论推演层面。基于对以企业为主体的跨区域生产网络形成或区域产业分工形成的研究，认为横向政府间合作"必然发生"。1993 年我国确立社会主义市场经济体制，然而，地方政府"为增长而竞争"的局面延续至今，企业的跨区域生产经营活动并不一定能够促成政府间合作。除适应市场需求以外，政府行为也有其内在逻辑。这就要求从市场以外的宏观制度环境、政府组织结构以及政府的利益需求等其他方面去寻找答案。

（三）组织视角

组织视角下，竞争理论和合作理论都注意到政府这种官僚组织，以及资源短缺对组织间关系的影响。关于前者，两种理论存在共识，都认为官僚组织为跨行政区划的合作设置了天然的阻碍。因此如何通过适宜的组织结构设计来克服阻碍就成为研究重点。组织视角下的分析，集中在政府组织和区域合作组织上，这些组织为区域合作问题研究提供可操作的分析单元。从区域合作的实践来看，最终都将落回执行合作的组织选择上——科层组织、企业组织或网络组织，区域合作的理论演进最终也落回这样一个选择上——倡导行政区划合作、多中心治理还是跨域治理。

然而，组织视角下的区域合作研究停留在对组织本身的关注上。例如国内学界倡导借鉴国际跨域治理经验，将建立伙伴关系和网络关系等作为解决我国区域合作的良策，并提出对策建议。但是，一种组织结构，代表一种制度安排，调整组织结构背后需要进行相应权力和利益调整，同时，采用什么样的组织结构开展合作，并不是一个规范性选择，而需得到合作主体的认同，是其自主选择的结果。回答"应该是什么"是一种基于理论的应然性分析，但是对特定的合作组织形式如何形成，即"为什么是这样"的问题研究较少，例如，为什么有些合作由集权化组织来管理合作事务，而另一些合作则采取分权化治理结构，这本身值得研究，因为只有厘清为什么这样选择，才能设计出更适宜的结构安排。

此外，从组织视角分析区域关系时，研究者对资源的作用进行持续关注，并且提供资源依赖等基础性理论。一方面，资源的稀缺性本身使组织间存在相互竞争的一面；另一方面，也通过使组织间产生相互依赖关系为合作提供可能空间。基于资源稀缺展开的竞争理论与合作理论，是"硬币的两面"。那么，组织间何时竞争和何时合作，组织视角下的研究提示需要考虑资源的不同类型以及组织对资源的不同程度需求。这与制度视角下讨论地方政府追逐流动性资源时的竞争行为的理论，有着内在一致性。

（四）利益视角

利益视角下，竞争理论与合作理论都重视地方政府在区域关系中的利益主体角色，而非仅是上级政府行政命令的被动执行者角色，且都强调地方政府间关系的核心在于利益。竞争理论分析分权体制下的利益不相容对竞争的推动作用，即在现有行政区划分割下，地方政府间存在刚性利益矛盾，利益不相容。合作理论认为即使在分权体制下，当有正收益出现时，即合作双方都可以实现利益增进，而且这种利益超过地方政府单打独斗可获利益时，地方政府会采取合作策略。这一思路下的研究与制度视角下的讨论高度一致。因此，讨论从竞争向合作的转化，绕不开的就是讨论合作可以产生的利益——地方政府间的关系被高度凝练为利益主体间的关系，而竞争或合作都是在一定的利益驱动下进行的选择。同时，利益视角下的研究提出从竞争向合作转化过程中的"收益预期"和"利益分配"，从逻辑关系上看，前者决定合作能否产生，后者决定合作如何进行以及是否可持续。

当前研究的不足在于：①尽管提到收益预期与实际收益相区别的问题，但是在具体分析中，还是将两者混为一谈，逻辑变为"实际收益→能否继续合作"，按照事件发生的时间顺序，应为"收益预期→是否开展合作→实际收益→能否继续合作"；对收益预期的分析，涉及合作发生的激励机制，而对实际收益的分析，则涉及合作中相应的制度安排，这是两个不同的问题。②对"利益分配"的讨论与制度视角下的讨论相类似，都强调利益分配机制的重要性。即使在已经开展合作的情况下，如果利益分配机制不能使实际收益达到双方收益预期，那么合作就将破灭而转回竞争；只有当利益分配机制使实际收益达到双方收益预期时，竞争才能转化为合作。这也与制度视角下进行合理利益分配机制设计的要求相一致。

同时，两种视角下的利益分配机制的讨论共同存在两个问题：①两种视角下的研究都肯定利益分享机制的重要作用，但缺乏对利益分享机制形成机理的充分讨论，作为利益主体的合作参与者不会被动接受某项利益分配安排，最终选择必然是多方博弈及谈判的结果，因此，需对这个过程进行专门分析；②两种视角下的研究都聚焦利益分配过程，而对利益创造关注不足。经济发展领域的合作，更多表现出生产性而非消费性特征，也就是说，更多是一个双方共同合作进行利益创造的过程，所以，"如何做大蛋糕"的问题有待更深入的剖析。

第二节　区域合作的理论演进

我国学者对区域合作问题的关注，兴起于改革开放以后。学者们对区域合作的研究显示出与现实的相对同步性。参照前文对区域竞争和区域合作相关理论的对比，并结合国内外学者关于区域合作的研究，可以发现三条明晰的理论脉络。

一　基于科层体制的集权化方案：传统区域主义理论

前文对竞争理论与合作理论的对比显示，分权体制对区域合作构成阻碍。沿着这一思路，学者们对推动区域合作的最早研究，就集中于讨论如何基于政府科层体制采用集权化、行政化的方式来推动合作，以克服行政区划分割带来的合作障碍。

在英美等西方学者的研究中，这类观点被称为传统区域主义，与后期兴起的新区域主义相区别，也被称为"巨人政府论"（Wood，1958）。这一理论兴起，主要是应对20世纪30年代到70年代，这些国家在大都市区蓬勃发展的同时，由于内部若干碎片化地方政府单位独立提供辖区内公共产品而带来的效率低下和公共服务不平等问题（洪世健，2009：74）。Studenski（2009/1930：75）的《美国大都市政府》就提及大都市区最基本的问题就是政府结构碎片化及其带来的一系列负面影响："大都市区内各个政府部门名义上是大共同体成员，实际上却各行其是；出台令人眼花缭乱的市政服务标准和规定，将大都市区分割得支离破碎；彼此互相嫉妒攀比且各自为政……在这种情况下，整个大都市区无法开展统一行动，不能有效解决一些普通的市政问题也就不足为奇了。"

因此，学者们倡议将这些大量的分散小政府进行集中整合，成立一个单一、有正式权威的大都市区政府，通过调整正式制度、加强集权的方式，改变分权状态下的碎片化治理格局，实现政府规模合理化，提高公共服务效率。具体做法包括：市县合并（city-county consolidation），兼并（annexation & merger），以及成立多层大都市政府（multi-tier metropolitan government）（Hamilton，2014：33）。

在我国学者的研究中，通过正式的政府科层组织，以集权化方式摆脱分权下的区域合作困境，是比较常见的观点。

最典型的观点就是行政区划体制调整。舒庆（1995：201~203）在《中国行政区经济与行政区划研究》一书中，就提出缩小省区范围、减少政府层次（如推动省管县）、撤县改市三条行政区划体制改革的措施。从现实来看，行政区划调整也是我国政府进行跨行政区划整合时最常用的手段，改革开放以后，我国县级以上行政单位发生了非常大的变动（见表2-1），撤县设市和撤市（县）设区等措施，被认为在协调区域经济关系中发挥了一定的积极作用。但是，行政区划调整并未从根本上改变地方政府强烈追求自身利益最大化的动机及行为（洪世健，2009：247），作为一种集权协调手段，最终还是难以使政府跳出"分权—集权"循环。

表2-1 1980年以来我国县级以上行政区划变动统计

单位：个

年份	直辖市	地级市	县级市	市辖区	县①
1980	3	102*	118**	511	2127
1985	3	162	159	620	2040
1990	3	185	279	651	1898
1995	3	210	424	706	1712
2000	4	259	400	787	1671
2005	4	283	374	852	1633
2007	4	283	369	856	1632

注：①包括县、自治县、旗、自治旗。*为省辖市，**为地辖市。
资料来源：根据洪世健（2009：247）的研究编制。

另一种观点，强调上级政府的制度供给功能，提出用自上而下的行政权力推动地方政府间合作，如上级政府统一协调地方间利益（张紧跟，2009）。

二 基于市场机制的分权化方案：公共选择理论

前文对市场视角下竞争理论和合作理论的比较显示，市场力量在推动地方政府间竞争（集聚效应）的同时，也推动地方政府间合作（扩散效应）。与这一思路类似，学者们提出了另一种观点，即保持分权状态下地方政府间相互竞争的状态，基于市场机制，地方政府会自发进行协调合作。但这里的市场并不是以企业为主体的"经济市场"，而是以选民为主体的"政治市场"。

在西方学界，这种观点出现的背景是，当时西方国家崇尚市场作用，强调发挥市场机制在公共服务生产领域中的作用，积极借鉴私人管理的技术和方法来改革政府，提倡引入竞争、提高效率的新公共管理思想开始出现（李长晏，2012：66）。西方学者从公共选择理论出发，认为都市区治理的"多元中心"分散体制要优于整合成一个大都市政府的体制。最有影响力的理论就是 Tiebout（1956）和 Oates（1993）等学者提出的第一代分权理论，他们认为相对联邦支出而言，地方政府公共支出可以更好反映居民的公共政策偏好，因而地方政府间的竞争有利于提高资源配置效率、实现帕累托最优。Ostrom，Tiebout 和 Warren（1961）对建立大都市区政府的主张直接进行抨击，认为由于存在竞争关系，地方政府需要相互进行考虑，会自发达成各种合作协议，或是尝试建立解决冲突的协调机制，无须建立一个大都市区政府。而从美国实践来看，这种"多元中心"体制是大都市区最常见的治理形式，地方政府通过政府间协议（interlocal agreements）、功能私有化（privatization of functions）或服务外包（contracting of services）、区域委员会（regional councils with no authority）、联邦或州支持地区分割的补贴及政策（federal and state grants and policies supporting fragmentation）等进行协调（Hamilton，2014：33）。

而在我国财政分权和政治集中相结合的分权体制下，地方政府间形成"标尺竞争"机制（张军等，2007），地方政府间展开招商引资大战，形成"为增长而竞争"态势。近年来也开始出现"为增长而合作"现象，但其中的过程性机制仍有待探究。

三 协调利益相关者的网络化方案：跨域治理理论

比较来看，传统区域主义理论更强调制度视角，而公共选择理论更强调市场视角，跨域治理理论则强调利益视角和组织视角的综合。跨域治理理论从外在组织形式上体现组织视角，强调多元主体间建立组织网络关系；实质则强调利益视角，通过在利益主体间建立平等合作伙伴关系，克服不同利益主体刚性利益矛盾冲突，对不同主体拥有的资源进行有效整合，以实现区域治理目标。以新区域主义为核心的跨域治理理论，与传统区域主义最大的区别，就在于从"行政"转向"治理"。全球治理委员会（The Commission on Global Governance）（1995：4）在《我们的全球伙伴关系》研究报告中将治理定义为各种公共的或私人的机构和个人管理其共同事务的诸多方式的总和；它是使冲突或不同的利益得以调和并采取联合行动的持续过程，既包括有权迫使人们服从的正式制度和规则，也包括各种人们同意或以为符合其利益的非正式的制度安排。杨燕绥、岳公正、杨丹（2009：77）将治理的本质归结为多方利益相关主体的认同、参与与合作，治理结构则是为了平衡利益冲突、避免逆向选择和降低道德风险，在权责明确、相互制衡与运转高效的目标指导下设计的决策、执行和监督的架构。治理隐含了一个众多利益主体发挥作用及取得共识的政治过程，与管理截然不同（杨燕绥、刘懿，2019）。综合以上观点，治理理论的核心在于推动多元利益主体参与合作，实现利益主体的利益平衡与协调。

在美国和欧盟等一些西方国家和地区，倡导在政府、企业和社会之间构建伙伴关系，跨域治理（across-boundary governance）理论研究和实践运作由来已久，并从 20 世纪 90 年代中期起，随着新区域主义兴起，成为国际区域治理研究的关注焦点（张成福、李昊城、边晓慧，2012）。跨域治理是两个或两个以上的不同区域，为处理跨行政区划的公共事务，由地方政府、企业、非营利组织等主体共同参与和联合治理公共事务的过程。一般包括三个层面：①地理空间中的跨区域治理，由于需要跨域治理的事务往往涉及不同的行政区划，治理权分属不同区域，所以需要双方（或多方）治理主体协调合作；②行政单位中的跨组织治理；③优势互补的跨部门治理。因此，跨域治理被称为是一种以同心协力和互助合作方式而形成的跨区域、跨组织和跨部门的治理模式（李长晏，2012：51～54）。

跨域治理的核心思想是 20 世纪 90 年代中后期在西方学界兴起的新区域主义，与传统区域主义相对应。由于发展时间较短，这一思潮尚未形成库恩提出的研究"范式"，学者们从不同的学科视角提出不同的治理模型，常见的提法包括"跨域协作"（cross-jurisdiction collaboration）（Henry and McClure，2011：1），"协力治理"（collaborative governance）（Ansell and Gash，2007；Kallis, Kiparsky and Norgaard，2009），"网络治理"（network governance）（Provan and Kenis，2008），"制度化集体行动"（institutional collective action）（Feiock，2004），等等。尽管已有研究比较零散，但是，它们有一些共同的特征和要素，与传统的区域主义理论形成鲜明对比。结合洪世健（2009：104～106）和李长晏（2012：56～58）的研究，将跨域治理理论和传统区域主义从五个方面进行比较（如表 2-2 所示），将跨域治理理论的特征总结为五点。

表 2-2　跨域治理理论与传统区域主义的比较

	跨域治理理论	传统区域主义
参与主体	拥有独特资源和能力的区域成员（包括政府部门、私人企业和第三部门）	政府部门
主体间关系	伙伴关系	行政关系
合作方式	不拘泥于科层结构，整合每一主体掌握的资源，协力完成特定区域任务	依靠科层组织进行规划协调
共识达成方式	在谈判、沟通过程中形塑共识	上级政府部门统一规划与行动
组织结构	自组织的网络结构	正式科层结构

资料来源：根据洪世健（2009：104～106）和李长晏（2012：56～58）的研究编制。

（1）强调从管理（government）转向治理（governance）。在政策制定和资源动员上，着力点已从政府的正式结构配置转移至非正式结构和过程，不再拘泥建立一个新的政府层级或通过集权化方式依靠垂直的科层体制、利用行政权力解决协调问题，而是致力增强多元横向利益主体的合作。

（2）重视跨部门参与而非单一部门主导。由于跨行政区划边界问题的出现，有效的区域治理不只是公共部门的职责，同时也要求企业部门以及第三部门的参与，因为每个部门都具备独特的能力、资源和专门的权限。

（3）着力于协力（collaboration）而非协调（coordination）。传统区域主义强调改善政府部门规划与提高行动的协调能力，还是依靠科层体制，强调一种自上而下的合作方式，而新区域主义则强调在合作主体间建立一种平等伙伴关系，动员每一部门协力工作，以完成特定区域任务。

（4）强调过程（process）更胜于强调结构（structure）。传统区域主义常把过程视为资料分析和规划协调，新区域主义则把过程看作发展一整套区域愿景和目标、形塑许多利益相关者的共识以及动员资源从而形成目标。

（5）强调网络（networks）更优于正式结构（formal structure）。新区域主义所强调的协力过程是通过成员间自组织的网络结构而非正式结构的安排。网络中每个组织的活动都围绕所进行的特定任务，且核心利益相关者在特定策略领域共享重大利益。

跨域治理理论，我国学者也多有关注，并根据其提倡的一些观点对我国治理实践提出建议，集中于对传统"行政区经济/行政化管理"的批判，强调多中心、自主治理、网络化等，这在前文组织视角下的区域合作相关理论中已进行了整理。

然而，当前研究中存在的一些问题，制约了跨域治理理论在我国的根植和进一步发展。归纳起来就是，简单依照西方理论思想，提倡多元治理，提倡网络化结构，将建立伙伴关系和组织间网络关系作为摆脱我国区域合作困境的灵丹妙药，更多从结构导向提出建议，提出弱化政府角色，强化多元参与，建立网络组织，却没有对其内在利益关系形成的逻辑进行分析，特定的合作组织形式成为一种被外界力量"所设计"而并非被参与主体"所选择"的结果，最终导致提出的建议只能停留在"学者们的美好愿望"上（彭彦强，2009）。

第三节　文献回顾与本书理论切入点

一　已有研究回顾

对区域竞争与区域合作的文献进行的对比分析，以及对区域合作理论的演进分析，为本书研究思路奠定了基础。理论对比和变量寻找的过程，显示在图 2 - 1 中。

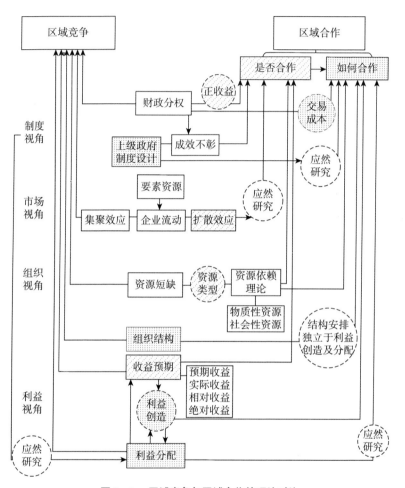

图 2 - 1　区域竞争与区域合作的理论对比

☐ 表示已有研究中讨论的变量

◠◡ 表示已有研究中存在的不足之处或已经指出但未充分论证，本研究将完善的内容

注：图中斜向点状底纹表示与本研究分析框架构建相关的解释"激励机制"的变量，直向点状底纹表示与本研究分析框架构建相关的解释"合作模式"的变量。

第一，对激励机制的研究，即讨论"是否合作"，将在制度视角中财政分权体制下，讨论合作"正收益"如何产生，主要关注收益预期。这也是利益视角下的研究对利益驱动的强调。已有研究中，学者们认为这是合作能否产生的关键所在并进行了大量讨论（谢庆奎，2000；周黎安，2004；殷存毅，2007；杨逢珉、孙定东，2007；吴蕾，2007；杨爱平，2011；齐亚伟、陶长琪，2013）。然而，对前一个内容——正收益产生的条件，缺乏充分研究，而这正是从竞争向合作转化的基础性环节。在利益视角下区域合作的讨论中，学者们注意到了利益的分类问题。一种分类方式是区分绝对收益与相对收益，认识到在晋升锦标赛的格局下，相对收益在驱动合作时发挥更大的作用（周黎安，2004；麻挺松，2005）。另一种分类方式是分析实际收益与预期收益的区别，认为收益预期是合作能否产生的前提条件（黄伦涛，2012：34～37；齐亚伟、陶长琪，2013）。按照时间顺序，可表述为"收益预期→是否开展合作→实际收益→能否继续合作"，因此，"收益预期"将是本书关注的重点。

第二，对合作模式的研究，即探讨"如何合作"的问题。本书将立足讨论合作中横向地方政府间的权利分配，并致力于分析政府在合作模式选择中的内在逻辑。①以权利分配关系体现合作模式。制度视角和利益视角下的研究都强调合作利益分配（Gately，1974；杨逢珉、孙定东，2007；杨爱平，2011），但横向政府间利益调整需要通过政府间权力关系调整来实现（殷存毅，2007）。此外，利益分配首先需要进行利益创造，即横向政府间需要先进行"分工"，才能谈及"分利"。②合作模式的形成机制。利益视角与制度视角下的研究都强调需要建立合理的利益分配机制（张成福、李昊城、边晓慧，2012；陈国权、李院林，2004；刘祖云，2007），但是缺乏对利益分享机制形成机理的讨论。作为利益主体的合作参与者不会被动接受某项利益分配安排，最终选择必然是多方博弈及谈判的结果，本书也将对这个过程进行分析。

第三，从影响合作模式选择的因素看，已有理论提供四方面的线索：①收益预期。逻辑上，谈及选择合作模式的前提，是合作首先要产生（谢庆奎，2000；黄伦涛，2012：34～37），区域合作模式是合作主体间为实现收益预期而进行的一种制度安排或组织形式，也受收益预期影响。②资源依赖。资源因素不仅为城市提供为获得效率而合作的动力，对城市间是否选择合作以及合作的深度都有影响（Ulrich and Barney，1984；Park and Rethemeyer，2014）。③行政区划分割或体制性障碍为地方政府合作设置过高交易成本，阻碍区域合作。这种成本贯穿合作始终，因此在考虑影响合作模式选择的因素时需要将其纳入。④推动区域合作的制度安排。已有研究讨论了需要进行制度设计，激励区域合作产生及顺利进行，并提出一些设计方案（如张成福、李昊城、边晓慧，2012；陈国权、李院林，2004；刘祖云，2007），但总体来看，都停留在基于理论分析进行推理建议层面，缺乏实证检验。在制度设计上需要进行哪些改进，这些制度性安排是否可以发挥作用，如何发挥作用，都需要进一步分析。现实中，为推动及保障区域合作，各级政府也进行了一些制度性安排，以影响下级地方政府在区域合作中的行为选择。因此，本书也将考虑已有的推动区域合作的制度安排对模式选择的影响。

二　本书的理论切入点

已有研究不仅为本研究提供研究思路，也为更好地寻找理论突破点提供启示。

从区域合作理论演进来看，制度视角和市场视角是分析区域关系最主流的两种视角。制度视角中，最常被关注的是分权体制。已有研究认为，分权体制为地方政府竞争提供财政激励和政治激励，阻碍区域合作（陈剩勇、马斌，2004；周黎安，2007；张军，2008），因此，强调基于纵向的政府科层体制，采用集权化方式来推动合作，以克服分权体制下行政区划分割带来的合作障碍（张紧跟，2009）。然而，通过政府科层体制推动合作的方案并未取得应有效果。同时，在宏观分权制度保持稳定的前提下，地方政府间自发性合作却日益增多，这揭示分权体制本身并非合作或竞争的决定性因素。

随着经济一体化推进，市场作用开始为学者所强调。前文对市场视角下区域竞争与区域合作的理论梳理也显示，市场力量在推动地方政府间竞争的同时（马海龙，2014：81～85；孙久文、邓慧慧、叶振宇，2008），也推动地方政府间合作（刘汉屏、刘锡田，2003；Yin，2003；殷存毅，2004；杜传忠、刘英基，2013：10～12，73）。理论基础就是经济发展理论的经济集聚效应和经济扩散效应，经济发展理论认为市场力量在发挥极化效应扩大区域发展差距的同时，也将随着区域收入差距扩大而发挥扩散效应，促使地方政府间进行经济合作。但政府行为与企业行为并不保持一致——劳动力成本变化并不能让政府也推动经济扩散。然而，现实中地方政府并未表现出与企业行为相一致的合作行为。这也提醒研究者需要关注政府行为的内在逻辑。

我国的地方政府，一方面是分权制度下的独立利益主体（官永彬，2011），另一方面也是地方经济发展中的主要推动力量（张军，2005；周黎安，2008：91），因此，需要将体制因素与市场力量综合考虑，解释地方政府间"为增长而合作"现象的出现。本书将结合现实发展趋势，加入资源约束这一解释变量。近年来，随着产业转型升级、经济结构调整，就要求超越原有的行政区划经济，转为区域经济，需要政府和市场共同发挥作用。

此外，从合作理论最新进展来看，出现了从"行政"到"治理"的转变，代表性理论即为跨域治理理论，强调通过在利益主体间建立平等合作伙伴关系，克服不同利益主体的刚性利益矛盾冲突，对不同主体拥有的资源进行有效整合，以实现区域治理目标（The Commisionon Global Governance，1995：4；杨燕绥、岳公正、杨丹，2009：77；洪世健，2009：104～106；李长晏，2012：51～54；张成福、李昊城、边晓慧，2012）。而这一理论主要是结合西方国家在公共服务领域的合作提出的，对经济发展领域关注不足；当前我国学者对跨域治理的研究，集中于跨域治理理论中提倡的组织间网络、多元主体等表象，而鲜有对形成这种合作形式的内在权力和利益关系的充分讨论及实证论证。因此，就需要对地方政府在利益驱动下进行权力关系调整及调整逻辑展开分析，以期对中国语境下的跨域治理研究有所贡献。

三 已有研究对本书的启示

已有研究中，合作主体间的利益协调问题，得到不同视角下研究的普遍关注，也是理论演进中着力讨论的重点问题。然而，对地方政府而言，利益并非悬空存在，往往附着于权力之上，政府间通常通过调整相互权力关系来协调相互利益关系，"必须先有控制权而后才有实物的控制"（康芒斯，2009：14）。在被称为"主从关系"的中央与地方关系中，央地在政治权力分割的同时，也有相伴而生的央地经济利益划分（张可云，2001：192～193）。在无行政隶属关系的横向政府间关系调整时，利益协调更是需要通过权力关系调整来实现。

"正收益"被视为驱动合作的主要力量（周黎安，2004），即各地方政府通过参与合作能够获得的收益，能否大于不合作时的收益（齐亚伟、陶长琪，2013）。地方政府间首先需要通过对各自控制的资源进行转移或交易，实现"正收益"，即进行利益创造，之后才能分配利益，否则，利益分配只是无源之水。处于转型期的中国地方政府，在改革过程中获得相当程度的资源支配自主权和权力运用自主性，地方政府得以根据自己的利益结构和效用偏好来配置其实际控制的资源，合作中用于利益创造的资源整合，就需要地方政府间首先进行合法"控制权"转移或交易。

综上，本书将主要基于新制度经济学中的产权理论来讨论涉及横向政府间资源控制权调整的区域合作问题。关于从产权角度考虑区域合作问题，已有研究奠定了坚实基础。尽管学者们的表述不同，但都强调产权的核心内涵——"控制权"。殷存毅（2004）提出，区域间相互依赖关系并不仅仅体现在要素资源流动上，更重要的应体现在控制权的交换上，而这种控制权由行政机构掌握。彭彦强（2009）认为横向政府间关系虽然表现为利益关系，但首先应当是一种权力关系，地方政府间利益调整需要通过围绕"行政管辖权"的权力交易来实现，交易深度和广度将直接影响合作深度及效果，交易过程就被界定为包括权力和利益两个层面的合法控制权的转移。然而，已有研究仍主要停留在理论构建和理论推演层面，实证研究不足，为从产权视角深化区域合作研究留出空间。

第四节　新制度经济学视角下的区域合作

一　理论分析视角：新制度经济学

新制度经济学为本研究展开提供了基础性指导，与我们要回答的研究问题也有较好契合，具体从三个方面体现。

第一，强调"收益权"的产权观，为解决区域合作中的利益问题提供思路；同时，产权的"可分割性"与"可让渡性"（阿尔钦，2014：125）启示研究者将区域合作实现的资源利用效率提升，纳入通过横向政府间对控制权的分割、转移和交易等方式实现的产权调整中来。新制度经济学突破传统制度经济学中强调"所有权"的产权概念的局限，将其进行拓展，即将产权与利益结合，认为"产权包括一个人或其他人受益或受损的权利"（德姆塞茨，2014：71）；引入"可分割性"，使原本作为一个整体的产权，成为一个"权利束"，包括11个特征即"占有权、使用权、管理权、收入权、转让性、剩余处置权……"（霍里诺，2006/1961：217～220）；同时，在内容上，不仅包括物品也包括劳动或服务等用于社会交换的"经济品"，"产权是个人支配其自身劳动及所拥有物品与劳务的权利"（诺思，2012：46），"产权是一个社会所强制实施的选择一种经济品的使用的权利"（阿尔钦，2014：121）。新制度经济学的产权观，使研究者对利益的讨论可结合对权力的讨论进行，使研究更具可操作性，突破以往对利益的讨论中存在的无法测量或止于规范性研究等局限性。同时，产权的"可分割性""可让渡性"等特征，使研究者可将区域合作中涉及资源控制权调整的问题，纳入与产权调整与资源利用效率提高相关的理论范畴内。

第二，强调产权调整对人类行为的激励，为解释作为地方产权所有者的地方政府间从竞争向合作的转变提供方向。提示研究者从合作带来的资源配置效率提升入手，寻找区域合作的激励来源。

产权学派的一个关键逻辑是，不同产权安排会产生不同收益—报酬结构（菲吕博腾、平乔维奇，2014：148）。产权变迁将带来新的受损和受益效应（德姆塞茨，2014：75），可能提高生产效率，降低交易成本，有利于改变原有产权分配下的资源低效配置，"对一个人产权的更完整界定减少了不确定性，并会增进资源的有效配置与使用"（菲吕博腾、平乔维奇，2014：151）。这时，经济盈余成为产权调整的一个函数，可表示为"经济盈余 $= f$(产权)"（布罗姆利，2006：19）。

布罗姆利（2006：19）提供了另一个可供选择的模型即"产权 $= g$(经济盈余)"，它将生产中的最佳产权结构认作是一个因变量，而并非传统产权学派认为的自变量，"新的产权的形成是相互作用的人们对新的收益—成本的可能渴望进行调整的回应"（德姆塞茨，2014：73）。利益主体出于对"经济盈余"的预期，将重新调整现有的产权安排，提高经济收益，其中，经济盈余就代表长期预期值。"如果单个人拥有土地，他将通过考虑未来某时的收益和成本倾向，并选择他认为能使他的私有土地权利的现期价值最大化的方式，从而试图使它的现期价格最大化。"（德姆塞茨，2014：77）"不同形式的产权（制度）要求有不同层次的支持性基础结构来界定权利和义务，来划分边界，以及来实施权利；因此，无论私有财产，国有财产，抑或是公有财产，在经济上可行的结构是经济剩余的一个函数，这种经济剩余能弥补那些各式各样的制度变迁的成本"，因此，"与其说是私有财产带来了财富增长，不如说是新的财富增加的可能性为进一步的制度安排提供了必要的经济剩余"（布罗姆利，2006：20）。

第三，强调产权调整中的收益—成本分析，讨论效率改进和交易成本对制度选择的作用，契合本书对区域合作模式中合作双方权力分配及利益共享问题的关注。产权理论提供在多种制度安排中进行选择的思路，科斯的"制度选择思想"，即科斯定理的第三个层次，就是在讨论制度选择问题，选择依据就在于对两个方面进行比较：①比较不同的、可供选择的制度类型的交易费用；②比较制度变迁、操作的成本与其带来的收益（卢现祥，2011：74）。"资源与资产产权的发展，是对设立与实施这类产权的成本进行简单的成本—收益分析，并与现实中存在的其他可能方式进行一般比较之后的结果。"（诺思，2008：71）简言之，人类选择产权形式首先受到产权变化的成本—收益制约（卢现祥，2007：73）。

二　新制度经济学视角下的核心概念辨析

（一）区域：产权初始界定的制度安排

在本书导论部分，运用区域经济学的观点将"区域"视为"具有特定经济功能的空间单元"，强调区域的经济功能。而实践中，区域是建立在行政区划基础上的一定空间范围，就涉及区域管理者的权限边界。殷存毅（2004）从资源控制权视角对区域的边界进行了界定，即"区域是某一群体对稀缺资源拥有控制权的一定空间范围，区域的边界就是某一人群对某一空间的控制权的权限边界"。由于对产权问题的关注，本书也沿用这一界定方式。

地方政府作为区域法定管理者，享有对辖区内资源的剩余索取权和资源配置权。《中华人民共和国宪法》第105条规定，地方政府是"地方各级国家权力机关的执行机关，是地方各级国家行政机关"，被赋予对所辖区域进行经济、社会等方面的综合管理职能，是地方利益的代表（张可云，2001：176），其法定地位决定它拥有区域内其他利益主体所不具有的权力。现有的行政区划安排，事实上就成为一种产权的初始界定。就土地而言，在我国现行土地制度下，地方政府成为土地的实际所有者，形成"产权地方化"格局（徐现祥、王贤彬、高元骅，2011）。就产业资本而言，地方政府虽不直接拥有资本，但具备影响企业投资决策的能力，可以利用其土地、税收等优惠政策，招商引资网络与企业的信任关系等，影响企业的投资地点选择。

综上，从新制度经济学的视角，区域的划分，体现进行初始产权界定的制度安排。地方政府拥有对辖区内发展资源的控制权，被认为是区域的产权所有者。尽管从央地关系角度看，地方政府拥有的地方产权是有限的，但在横向地方政府之间，其产权又是绝对的，体现排他性。横向地方政府间无行政隶属关系，各自拥有地方产权，成为彼此独立的利益主体。

（二）区域合作：跨域产权调整的制度安排

从表现上看，区域合作是指区域间为实现共同的经济利益，相互协商达成合作共识、制定合作协议，并据此履行相应职责、进行利益分配以谋求跨域共享发展的行为。结合产权理论，区域合作是横向地方政府间通过产权关系调整来实现的，代表新的产权安排——对区域资源"控制权"的交易或转移（殷存毅，2004；彭彦强，2009），以及保障交易的效率、提供服务的制度或行为规则的"秩序"建立（殷存毅，2004）。区域合作在这里被赋予建立"秩序"的意义，主要涵盖对权利的界定及交易，须在成员中重新调整控制权，提高资源利用效率。

初始行政区划安排下，地方政府作为独立利益个体，对辖区内的发展资源拥有排他性控制权，因此，地方政府参与区域合作并非外生现象，是否开展区域合作以及如何通过区域合作进行对资源控制权的调整安排也并非来自外生制度，而是拥有区域产权的地方政府进行理性选择的结果。

（三）区域合作的激励机制：从"产权独占"到"产权调整"的行动逻辑

区域合作的激励机制代表了推动区域间从相互竞争（或不合作）向合作转变的过程性机制。新制度经济学视角下，对区域合作机制的研究旨在寻找区域合作产生的激励，解释横向地方政府间从彼此独立享有辖区资源控制权的相互分割状态，到通过控制权调整实现区域合作的行动逻辑。

根据布罗姆利（2006：19）提供的模型——"产权 = g（经济盈余）"，区域合作发生的过程，就是在实现"经济盈余"的预期下，各个利益主体进行资源控制权调整的过程。所以，解释区域合作产生的关键，就在于"收益预期"的产生，即拥有所辖地区资源控制权的地方政府需要借助合作获得更大收益的预期。

（四）区域合作模式：跨域产权调整的差异化制度安排

延续上文的思路，在新制度经济学视角下，区域合作模式代表横向地方政府间为实现合作目标而进行的产权调整，即对资源控制权进行交易或转移的具体制度安排，核心是实现对合作事务的治理权力划分和相应的利益分配。

已有学者用组织结构来表示合作方式，并对优化组织结构设计提出建议（曹阳、王亮，2007；刘玉亭、张结魁，1999；高程，2010）。本书认为，抓住权力和利益的关系才更能抓住区域合作的本质，组织结构则是这种关系的具体表现。从产权与组织的关系来看，产权是一个组织建立的制度基础，产权安排决定组织形式的选择和内在治理结构（卢现祥，2011：73）。

合作模式作为一种实现"产权共享"的制度安排，包括两方面内容：一是创造合作收益时，各参与主体的责任和权限划分，以及参与合作活动的组织安排，强调生产过程；二是合作收益在参与主体间的分享方式，代表分配过程。前者是后者的基础，后者是前者的保障，是一体两面。因此，本书对区域合作模式的讨论，将通过资源控制权在横向政府间进行重新分配的具体方式体现，并统一表述为"权利分配"。

就本书关注的横向政府间跨域共建产业园现象而言，不同合作模式体现为原本由欠发达地区地方政府享有的共建园土地控制权，向发达地区地方政府进行不同程度的分配。权利转移程度越高，意味着发达地区获得的土地控制权越大，两地共享跨域发展成果的程度就越高。

第五节　本书理论分析框架

一　理论逻辑

本书参考殷存毅（2004）的研究，将分析框架建立在"稀缺—依赖—秩序"（康芒斯，2009：10～11，13）这一制度经济学基础逻辑上。稀缺性（scarcity）表示"人们所拥有的资源的数量不足以满足所有需求者的状态"，是经济研究的起点，而经济学的核心思想就是，"在稀缺资源的约束下，人们进行有目的性的选择，而且当他们进行选择的时候，要和其他的人相互影响"（泰勒，2007：3）。经济学假设人们具有追求利益最大化的经济人理性，即人的自利性。一方面，资源的稀缺性导致冲突，"经济冲突变成政治冲突和战争，这都是由于稀少性而起"（康芒斯，2009：134）。另一方面，资源稀缺使人与人之间产生相互依赖关系，为实现这种依赖关系，就需要建立秩序以保障分工与交换。"我们所需的食物不是出自屠宰业者、酿酒业者、面包业者的恩惠，而仅仅是出自于他们自己的利益的顾虑，我们不要求助于他们的爱他心，只要求助于他们的自爱心。我们不要向他们说我们必需，只说他们有利"（斯密，2011：10），"我们使交易不仅成为利益的冲突，而且成为相互依存以及从冲突中建立秩序的集体努力"（康芒斯，2009：133~134）。

从对分工和交换的讨论开始，古典经济学与制度经济学的观点出现了分野：前者强调分工，表现为"互通有无、物物交换、互相交易"；后者强调交易，"用交易作为经济研究的基本单位"，并把交易视为"一种合法控制权的转移"（康芒斯，2009：11；殷存毅，2004）。制度经济学对物质控制权交易的关注，也引起对产权界定、产权安排生成、产权安排制度选择、交易保障制度等问题的讨论。这一系列制度性安排或行为规则，被定义为"秩序"，规范资源稀缺的现实世界中的社会关系。

二 前提假设

本书的分析建立在地方政府具备经济人理性的前提假设上，即地方政府是在一定的激励和约束条件下追求利益最大化的理性个体。如果地方政府不具有经济人理性，那么我国的区域合作将会顺利很多。1956 年，毛泽东同志在《论十大关系》中讨论地方间关系时，提倡加强合作以实现整体利益，"省市和省市之间的关系，也是一种地方和地方的关系，也要处理得好。我们历来的原则，就是提倡顾全大局，互助互让"（毛泽东，1999：33）。然而，正是由于地方政府自利行为的存在，没有出现这种"顾全大局、互助互让"的行为。因此，这一假设也符合我国地方政府的行为特点。

三 分析框架

沿着"稀缺—依赖—秩序"的基本理论逻辑，在地方政府具备"经济人"理性的前提假设上，本书以新制度经济学视角，构建了理论分析框架（如图2−2所示），对区域合作的激励机制和模式选择的分析将从两个层次展开。

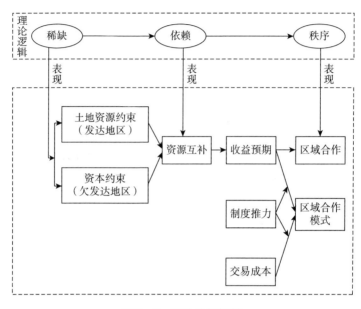

图 2−2　理论分析框架

第一，区域合作的激励机制。通过分析"收益预期"的产生过程，寻找区域合作出现的激励机制，即横向地方政府间从彼此独立享有辖区资源控制权，到通过控制权调整进行合作的行动逻辑。分析框架中，不同发展梯度的区域间，面临土地或资本这两种稀缺性资源不足带来的"资源约束"，对稀缺资源的异质性需求，使两地形成基于"资源互补"的相互依赖关系，进而使地方政府对合作产生"收益预期"，这就为通过建立新秩序安排实现资源整合提供了激励。

第二，区域合作的模式选择。分析横向地方政府间对资源控制权调整做出模式选择的逻辑过程。第二个层面对合作模式的研究必须要以完成第一个层面为前提，要先有合作激励产生，即收益预期，才能讨论合作模式的选择。分析框架中，影响区域合作的模式选择的，首先是作为理性主体的地方政府基于收益—成本分析和交

易成本的考量，即"收益预期"和"交易成本"。此外，我国纵向
治理体制中自上而下对区域合作施加的"制度推力"——主要以上
级政府的政策安排、政治号召等方式实现，也被纳入考量，作为通
过影响收益预期和交易成本发挥作用的调节变量。

四 区域合作的激励机制分析：资源约束、资源互补与收益预期

在核心概念的理论化过程中，从新制度经济学视角，将区域合
作界定为横向地方政府间建立对资源控制权调整的制度安排，并根
据产权理论，将区域合作出现的过程，视为横向地方政府间从彼此
独立享有辖区资源控制权的相互分割状态，到通过控制权调整实现
区域合作的行动过程。解释区域合作出现的激励机制，就落在"收
益预期"的产生上。其中，"收益预期"为因变量，自变量为合作
双方各自面临的"资源约束"，中介变量为"资源互补"关系。

（一）因变量：收益预期

收益预期指地方政府对其通过参与区域合作可获利益的预期判
断。在不同视角研究中，都可以找到收益预期的影子，第二章通过
文献的梳理对比发现，利益驱动，即合作的正收益，是从竞争向合
作转化的关键所在。新制度经济学中尤其强调收益预期对经济人行
为的影响，尽管可能采用不同的表述方式，如"经济盈余"和
"新的财富增加的可能性"（布罗姆利，2006：19~20）。

这里的收益主要指地方政府可以获得的绝对经济利益。地方政
府追求的利益，既包括以经济增长绩效、财税扩大等为代表的经济
利益，也包括我国特殊的纵向治理体制下追求的非经济利益，如政
治晋升，此外，地方政府作为地方公共产品的提供者、社会事务的
管理者，也需承担政治责任和社会责任。考虑到我国对地方官员采
取的是以经济绩效为主的考核机制，其经济利益与政治利益具有内

在一致性。此外，在促进经济发展的区域合作中，地方政府对经济利益的追求占主导。因此，本书将地方政府追求的收益，简化表示为财政收益。

从内涵看，合作中地方政府可获得的财政收益由直接收益和间接收益两部分构成。直接收益指地方政府可以直接获得的现金类收益，主要指从合作项目中分享的财税收入和其他资产经营、物业经营等经营性收入；间接收益指对辖区经济增长的带动作用，主要指通过引入产业资本或实现产业结构调整，地方政府从中获得收入就需依靠产业发展提供的财税。

收益预期是地方政府基于客观现实对合作收益做出的理性判断。尽管地方政府对可获得利益的估计，可能受到地方政府官员个人偏好、当地文化风俗和国内外经济形势等综合影响，但须以客观现实为基础。这里的"现实"就包含通过合作提高资源利用效率的程度。

（二）自变量：资源约束

资源约束代表地方政府在推动经济增长时可支配资源数量不足的困境，体现为经济学中强调的资源稀缺性。参考张可云（2001：177~179）对区域利益客体的分析，资源约束是利益主体的区域经济行为的内在动因。无论是稀缺导致冲突，或者稀缺促成合作，都是为了使原本稀缺的资源变得充裕，打破资源约束，因此，打破资源约束的预期，比已经解决了的资源约束问题，更能够成为利益主体的行动驱动力。因此，资源约束被加入分析框架。

本书讨论的要素资源，就是作为经济增长的基础要素的土地资源和资本资源。一方面，已有研究对资本短缺引发地方政府竞争已有较多讨论，具有代表性的就是对地方政府间为竞争流动性资本而产生的"为增长而竞争"的讨论；另一方面，对土地资源关注则是出于对当前经济发展形势和学术研究热点的综合考虑。现实中，经济发展带来资源环境约束增强。理论研究中，土地资源约束对纵向及横向地方政府间关系的影响，已日益得到学界重视，例如，杨勇（2015）分析了当土地资源约束增强时，县政府与乡镇政府的关系调整；张蔚文、李学文（2011a）研究了土地资源约束增强引发浙江省内各市县间进行建设用地指标买卖的行为，而本书将讨论的是土地资源约束增强时地方政府间并非通过土地指标买卖的市场交易行为，而是通过合作开发来打破这一约束。

总体来看，不同地区面临不同资源约束。经济发达地区，经过改革开放以来的快速发展，已经具备相对完整的产业体系和较好的产业基础，更多面临土地资源约束问题；欠发达地区，在上一轮经济发展中由于招商引资效果欠佳，发展速度慢，产业发展基础薄弱，面临的资本约束问题往往更为突出。最终，资源约束表现为两个维度：发达地区的土地资源约束，以及欠发达地区的资本约束。

（1）发达地区的土地资源约束，主要指发达地区面临的可建设用地不能满足经济发展需求的情况。而欠发达地区由于经济发展相对较慢，土地和发展的矛盾远没有发达地区突出。对土地资源约束程度的测量，由于各地分配的可建设用地指标数据难以获得，而土地出让价格由于地方政府间的"竞次竞争"（race to bottom）普遍偏低，本书采用间接测量方式，通过当地土地投资强度指标来体现。投资强度越高，代表当地对土地集约化利用的要求越高，实践中，提高投资强度就是地方政府面对土地资源约束加强提出的应对策略。

（2）欠发达地区的资本约束，主要指欠发达地区相对于发达地区而言，辖区内企业投资不足，导致当地经济发展水平相对较低。而资本约束，也同样可通过投资强度来反映，资本越是缺乏，当地政府设置的投资门槛越低，或者根本就不设置具体要求，这是我国工业化发展初期资本贫乏状况下或者现在经济欠发达地区仍然采取的做法。

两个变量实际体现同一个含义，都是地区间经济发展差距扩大所致，即发达地区的土地资源约束的另一面，就是发达地区的资本充裕，而欠发达地区资本短缺。而测量时也采用同一指标。本书关注两个维度，主要为了表现两地区域合作时各自面临的资源约束情况。

此外，从时间来看，发达地区土地资源约束是一个"变量"，从改革开放初期的土地资源充裕，转变为现在的土地资源约束增强。而对欠发达地区而言，资本约束则类似一个常量，尽管经过多年发展已具备一定产业基础，但和发达地区相比，仍然对资本较为渴求。因此，欠发达地区的资本约束，事实上担任控制变量的角色。综上，资源约束的核心变量，就是发达地区面临的土地资源约束。

（三）中介变量：资源互补

资源互补代表两地在各自面临约束的资源上存在相互补充的情况，是一种双向的依赖关系。经济学中讨论的依赖，可以是相互依赖，也可以是一方对另一方的资源需求，组织理论中讨论的资源依赖也同时包括这两种意涵，认为基于资源互补性的相互依赖将不同组织紧密联系在一起，合作实质上成为组织间由于资源不足而实现自愿交易的一个形式（Alter and Hage，1993：18）。本书为体现这种双向依赖关系，采用"资源互补"这一表述。

资源互补程度由合作双方各自面临的资源约束内容和程度共同决定，强调合作双方资源需求的异质性。一方面，需要分析两地各自的经济发展现状，判断当地发展所面临的资源约束情况；另一方面，需要比较两地相对对方所拥有的资源是否能满足对方面临约束的资源需求。对欠发达地区来说，面临资本约束，而土地资源相对充裕；对发达地区而言，面临土地资源约束，而资本相对充裕，这就形成资源互补关系。而如果两地都发展较为滞后，对资本都较为渴求，或者两地都是经济发达地区，都面临较强土地资源约束，则互补关系不成立（见表2-3）。

表 2 – 3 基于资源约束的资源互补

资源约束	资源互补
土地资源约束（发达地区）	是
资本约束（欠发达地区）	
土地资源约束（发达地区）	否
土地资源约束（发达地区）	
资本约束（欠发达地区）	否
资本约束（欠发达地区）	

资源互补程度，主要通过发达地区相对于欠发达地区的土地约束程度来衡量。发达地区面临的土地资源约束越强，两地的资源互补程度越高。

根据产权理论，主体对可以获得的经济收益（改善现有的经济效率）的预期越高，越倾向于调整现有产权结构。对欠发达地区而言，持续处于资本短缺的状况，合作将有利于其批量获得产业资本，提高辖区土地的边际产出，即使未能接收到产业转移，发达地区的城市品牌、管理能力、商业网络等资源也可使其受益，涉及共建园邻近地区的外部性。可见，合作的发生主要取决于资本充裕的发达地区的意愿。因此，提出假设 1（H1）：

H1：发达地区在区域合作中处于主导地位。

对发达地区来说，土地资源约束越强，两地的资源互补性越强，越有利于其通过合作拓展发展空间，进行产业转移，提高辖区土地资源的利用效率。而资源互补程度则直接取决于其面临的土地资源约束情况。因此，提出假设 2（H2）：

H2：发达地区面临的土地资源约束越强，对区域合作的收益预期则越高，越有利于区域合作产生。

五 合作模式选择分析：收益预期、交易成本、制度推力与权利分配

对合作模式选择的讨论，聚焦解释横向地方政府间对产权进行

调整的制度选择问题。根据科斯"制度选择思想"，本书引入收益预期和交易成本作为影响区域合作模式选择的自变量。同时，我国的纵向治理体制中自上而下对区域合作施加的制度推力，则作为通过影响收益预期和交易成本发挥作用的调节变量。

（一）自变量：收益预期

在区域合作的激励机制分析中，收益预期是因变量，由自变量资源约束经由中间变量资源互补而引起，代表地方政府对合作可能带来的利益增进的判断。在合作模式的选择中，收益预期将作为自变量。

就功能而言，合作模式是横向政府间为实现利益增进而进行的制度选择。这就需要实现对资源的最有价值的使用，以最大限度实现收益预期。不同的产权安排将影响资源的使用与产出组合。根据生产函数 $O = P(L, K, T)$，O 为产出，L 为劳动力，K 为资本，T 为土地，P 就是支配这些投入转变为产出的技术函数，在只考虑资本和土地时，要达到最大化产出，应最大化整合资本和土地。

对建在土地较为充裕的欠发达地区的共建园而言，最大化产出要求最大化吸引资本。由于发达地区政府在招商引资中具备优势——多年来与辖区内需要转移的企业建立了密切网络关系、具备丰富的招商引资经验和园区开发经验，而欠发达地区政府则是当地土地资源的所有者。因此，为提升共建园的招商引资成效，需由发达地区进行园区开发，而欠发达地区保障土地供给。发达地区对区域合作收益预期越高，则越倾向于接受或采用这样的制度安排，即承担更多合作职责。因此，提出假设3（H3）：

H3：发达地区对合作的收益预期越高，越有利于双方开展深入区域合作。

（二）自变量：交易成本

交易成本，表示在现有行政区划分割格局下，横向政府间进行谈判以订立合作契约，保持沟通以执行合作的成本。具体包括，横向政府间在合作前搜寻潜在合作伙伴以及相关信息，就权利分配、交易内容等问题进行讨价还价的成本，以及合作中所面临的执行合作约定、监督合作执行、制裁不履约行为、在环境发生变化时修改或重新制定契约等成本。已有研究中，行政区划分割或体制性障碍为地方政府合作设置过高交易成本，阻碍区域合作，是一个共识性观点（冯邦彦、周孟亮，2005；卓凯、殷存毅，2007）。

由于产权分析寻求交易费用最小化，因此谈及产权，就不可避免涉及交易成本。Arrow（1969）将交易成本定义为"经济制度的运行费用"，巴泽尔把交易费用定义为与"转让、获取和保护产权有关的成本"（卢现祥，2011：72），诺思（2008：37）认为交易成本包括"衡量交换物之价值的成本、保护权利的成本，以及监管与实施契约的成本"。Williamson 将"交易成本分为事前交易成本和事后交易成本。前者包括草拟合同、谈判的成本等，后者包括不适应成本、讨价还价成本、启动及运转成本和保证成本等"（卢现祥，2011：43）。

本书认同 Williamson 的分类，并重点关注合作运行中的交易成本，事后交易成本，即合作中所面临的执行合作约定、监督合作执行、制裁不履约行为、在环境发生变化时修改或重新制定契约等方面涉及的成本。由于对区域合作模式的讨论建立在横向政府间已经达成合作共识的基础上，即双方已经克服了合作开展之前的交易成本，因此，再讨论阻碍合作产生的成本就无意义了。而且，对参与合作的地方政府而言，事前成本类似常数，例如现实中也出现两地政府由于行政级别不对等、信息沟通不畅等难以建立联系的案例，然而，一旦双方达成共识，决定开始合作，前期的成本就是已经被克服的一个常数值，双方关心的就是合作效率问题，这时，事后成本就是"变值"，不同合作制度安排将面临不同交易成本。

由于交易费用的内涵广泛以及统计数据的局限，测量交易成本是非常困难的事，一些新制度经济学家提出了间接测量方法（卢现祥，2011：45）。根据 Williamson 的观点，交易成本的绝对数无法测量，但在"序数"的基础上比较则是有意义的，这样就可以比较同一交易在不同制度下的交易成本（卢现祥，2011：45～46，53），从而获得交易费用多的时候和少的时候的相对值。考虑到研究便利性，本书借鉴了这一思路，通过比较交易成本大小的相对值来测量交易成本。

根据"制度选择思想"，不同的、可供选择的制度类型的交易费用不同。Williamson（1989）结合对企业科层、市场、企业间网络三种治理结构的比较，从三个维度对交易成本的大小进行分析：①资产专有性，主要涉及沉没成本，指资产在不损害原有生产价值的前提下，可供其他用途和其他人使用的程度，并认为资产专用性程度越高，机会主义造成的损失就大，交易成本就越高（Williamson，1991）；②交易的不确定性，包括环境的不确定性和交易者行为的不确定性，不确定性较高时，复杂性就大大增加，带来较高交易成本（Williamson，1991）；③交易频率，即交易次数，需综合前两方面讨论（吕翔，2014：28～31，36～39）。

结合本书关注的共建园，合作双方在合作中的权利分配程度越高，意味来自发达地区的合作者须在合作项目中承担的职责越多，需要投资的项目越多，从而资产专有性程度越高，一旦发生对方不执行约定或者违约的情况，对其造成的损失就越大；同时，权利分配程度越高，需要完成的任务就越复杂，干扰因素就越多，也就增加了交易成本。综合来看，合作中权利分配程度越高，涉及的交易成本越高。

此外，也需考虑政治环境的影响。结合上述讨论，同省合作，由于存在共同省级政府，当发生一方违约或者不履约的情况，或者由于不确定性带来的协调复杂性增加时，可以求助省级政府协调，然而，跨省合作则缺乏这样的上层协调机制。因此，同等权利分配程度下，跨省合作比同省合作面临更高的交易成本。

参与合作的两地，在决定制度安排前会对交易成本进行评估比较，对交易成本的判断，将影响其在合作中的分工情况。据此，提出假设4（H4）：

H4：行政区划分割导致的交易成本较高时，将阻碍双方开展深入区域合作。

（三）调节变量：制度推力

制度推力指当前已有推动区域合作的制度安排对区域合作模式选择的影响。根据制度经济学，产权形式的选择不仅要受产权变化的成本—收益的制约，也要受到利益集团及国家的制约（卢现祥，2007：73）。正如泰勒（1987）所言："国家干预经济最有说服力的理由是，如果没有国家，人们就不能卓有成效地相互协作，以实现他们的共同利益，尤其是不能为自己提供某种特定的公共产品。"地方政府既是地方利益代表者，也是上级政府在地方事务治理中的"代理人"，上级政府会通过政策工具对地方政府在区域合作中的行为进行干预，形成区域合作的制度推力。第二章在文献回顾时，也梳理了已有研究中关于推动区域合作的制度设计文献。

由于国家层面主要发挥作用的制度是财政分权体制，区域合作并没有统一制度，而各省出于本省发展需要，会通过政策工具推动同省或跨省区域合作，因此，本书主要关注来自省级政府的制度推力。

由于理性个体选择产权形式主要受产权变化的成本—收益的制约，那么，制度推力就需要通过成本—收益结构来发挥作用，或通过利益补偿安排提高激励，或通过制度保障降低不确定性、增强沟通、提供信任来降低交易成本。因此，提出假设5（H5）和假设6（H6）：

H5：制度推力将发挥调节效应，强化收益预期对区域合作中权利分配的推动作用。

H6：制度推力将发挥调节效应，减弱交易成本对区域合作中权利分配的阻碍作用。

第三章　跨域共享发展何以出现：
区域合作的激励机制

本章将首先分析在我国现有的央地关系格局下，地方政府的目标定位和行为逻辑，因为无论"为增长而竞争"还是"为增长而合作"，都发生在统一的宏观制度环境下，这也是后续分析的起点。第二章中区域合作被界定为横向地方政府间通过产权关系调整对区域资源"控制权"进行交易或转移的制度安排。本章拟通过对我国传统开发区和共建园的对比，显示在合作和竞争两种状态下，横向政府间不同的权力和利益关系，即从产权独占到产权共享的现实表现。继而，分析促进区域合作的资源约束现状。在此基础上，结合分析框架，进行两个案例对比，对理论假设进行检验，总结区域合作的激励机制。

第一节　区域合作的宏观制度环境

正如新制度经济学强调的，人的行为受到制度环境的塑造和制约，理性个体将在一定制度框架或环境约束和诱导下做出行为选择。无论是"为增长而竞争"还是"为增长而合作"，都发生在既定政府治理体制下。体制决定地方政府的目标定位和行为逻辑，构成区域关系演变的宏观制度环境。结合已有研究，本书将现有央地关系格局形塑形成的"经济增长市场"，作为我国区域关系演变的宏观制度环境。这一制度环境决定地方政府的目标取向——推动经济增长，以及实现这一目标的路径选择——招商引资，而"属地化"

管理体制下的各类开发区，成为地方政府的主要招商引资平台。

一 地方政府的目标取向：最大限度推动经济增长

我国现有的央地关系格局，特别是纵向的财政分权和政治集中体制，为地方政府提供推动经济增长的财政激励和政治激励，地方政府为促进经济增长展开激烈竞争（张军，2005），以期在"政治锦标赛"中取胜（周黎安，2007）。基于这种现象，学者们认为中国出现了经济增长市场（张军，2005）。汤志林和殷存毅（2012：81~88）将这个市场描述为一种以经济增长为产品的交换市场，其中，地方政府是经济增长的供给者，中央政府是经济增长的需求者，由于我国有众多地方政府，供给方众多，形成地方政府间相互竞争的局面。因此，最大限度推动经济增长成为地方政府的主要目标。

为提供经济增长这项产品，地方政府需进行要素资源投入。已有研究中，影响中国经济增长的要素资源包括优惠政策、基础设施建设、外商直接投资、人力资本、土地资源等（魏后凯，2002；张蔚文、李学文，2011a，2011b；曹春方、马连福，2011）。汤志林、殷存毅（2012：83）将配置这些要素的市场称为"经济增长的要素市场"，并引入具有空间排他性的选择性政策，提出政策要素市场，与以经济增长为产品的交换市场一起，构成经济增长市场上的央地关系。

然而，中央政府供给的要素资源毕竟有限，土地资源、矿产资源、人力资本等除了有赖于中央，也有赖于当地本身的资源禀赋条件；再者，吸引外商直接投资时，除中央提供的选择性政策以外，地方政府的发展战略、经济管理能力、区位条件以及前述的土地、劳动力等也同样重要。魏后凯、贺灿飞、王新（2002：108~126）对影响中国外商投资区位选择的因素做了系统分析。

地方政府推动经济发展所需的要素资源可分为两类：一类是地

方政府有能力控制的、不可流动的地区性生产要素，本书重点关注土地资源；另一类是地方政府没有能力控制的流动性生产要素，本书重点关注产业资本。本书将土地资源和产业资本作为要素市场的主要内容，参考经济学基础经济模型中对产品市场与要素市场的划分（海曼，2006：8），并参考汤志林、殷存毅（2012：83）的研究，提出经济增长市场上的央地关系（如图3-1所示），即由以土地资源和产业资本为主的要素市场与以经济增长为产品的商品市场共同构成。

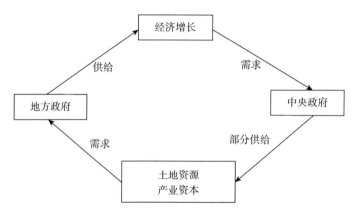

图3-1 经济增长市场中的央地关系

模型中，上半部分经济增长市场为对已有研究的总结，表现为以经济增长为产品的交换市场，地方政府是经济增长供给者，中央政府是经济增长的需求者，一个中央政府对多个地方政府，地方政府间展开经济增长竞争。下半部分以土地资源和产业资本构成的要素市场是本书将要补充完善的内容。

在要素市场中，中央政府只能部分供给。土地资源一方面由中央通过土地使用政策部分提供，例如自上而下的建设用地指标分配制度决定地方政府可用于发展的建设用地面积，另一方面由地方政府自身部分供给——取决于辖区内初始土地资源禀赋。产业资本主要指由企业掌握的流动性资本，这也是改革开放以来各地方政府开展招商引资、致力于吸引的最主要对象，产业资本主要由企业供给，也受中央政府提供的选择性政策的影响——获得特殊政策的地区将在招商引资中占据优势地位。

二　推动经济增长的路径选择：政企关系与"招商引资"

地区经济增长最终依赖于企业投资，而资本却可跨区域流动。为实现政治上的最优经济增长目标，地方政府须吸引足够多的私人投资进入本辖区（曹正汉、马连福，2011；曹正汉，2011），以推动产业发展、培养地方税源，从而推动地方财政收入最大化，促进地方经济增长。为吸引流动性产业资本，地方政府着力针对企业需求，供给充裕土地资源、建设配套基础设施、实施招商优惠政策、提供完备政府服务等（王世磊、张军，2008）。其中，降低土地资源价格是地方政府吸引产业投资的主要手段，通过土地价格的非市场化运作，提供廉价土地，降低企业的生产成本，吸引投资生产（蒋省三、刘守英、李青，2007）。

基于上一小节中经济增长市场中的央地关系，进一步建构经济增长市场中的政企关系模型（见图3-2）。模型上方是商品市场，

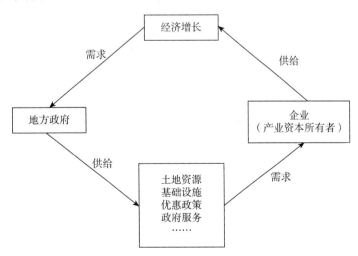

图 3-2　经济增长市场中的政企关系

企业在地方政府辖区内进行生产投资实现的经济增长是主要商品，企业是供给者，地方政府则是需求者。下方是要素市场，土地资源和其他配套资源及服务是主要内容，企业是需求者，地方政府是供给者。企业具有跨地域流动性，相当于一个企业对多个政府，地方政府间围绕招商引资展开激烈竞争，与市场上相互竞争的企业主体并无二致。"如果把招商引资看作一个市场，那么地方政府就充当了竞争者的角色，政府间的竞争与商业社会中公司间的竞争没什么两样，有时候甚至更激烈。"（张晓晖，2006）各个企业"游走"于各地方政府之间，通过地方政府相互竞争，获得更高收益。据西部某高新区开发区领导介绍：

> 如果一个外资来，一般是分别跟经开区和高新区谈，哪边给的好处多就进驻哪边。曾经有一个汽车企业准备到云南设厂，福建说只要云南答应的福建都答应，还有其他的优惠政策，于是企业就去福建了。①

为更好地招商引资，各地纷纷致力打造良好投资平台，吸引企业落户。各类开发区"遍地开花"。从1984年国家在天津、上海、大连、秦皇岛等14个沿海港口城市设立经济技术开发区开始，此后近30年里，随着我国经济发展及对外开放不断深入，开发区迅猛发展，据笔者整理，截至2013年，仅以经济技术开发区和高新技术产业园区计算，国家级的共有305个，遍布于31个省、自治区、直辖市，由各省、自治区和直辖市设立的高新区和经开区及其下辖市（区）、县、乡镇等自行设立的名为"工业区""园区""产业集聚区"等的开发区不计其数。

"属地化"管理体制下，这些开发区实质上都服务于经济增长，

---

① 感谢汤志林博士提供访谈资料支持（访谈对象：西部某国家级高新区开发公司。访谈时间：2008年12月）。

成为地方招商引资平台。殷存毅和汤志林（2010）、殷存毅和许焰妮（2013）的研究证实国家级高新区、两岸产业合作区等各类开发区都将招商引资作为核心任务。后续分析中对开发区类别将不做具体区分。

第二节　区域合作：从开发区到共建园的跨域产权共享

横向地方政府间在经济发展领域开展的合作中，作为当地招商引资平台的各类开发区，不仅经常性成为各地方政府派出的合作执行主体，也是主要合作实现形式——由不同行政区划参与建设新开发区，即本书重点讨论的共建园。

在初始行政区划边界划分及开发区"属地化"管理体制下，当地政府享有对辖区内开发区的排他性控制权，称为产权独占——当地政府享有对开发区土地的控制权、围绕土地开发的园区管理权以及收益权等。在跨行政区划的地方政府间共同设立的共建园中，当地政府和异地政府实现产权共享，即共建园所在地政府向异地政府让渡或转移部分产权，双方共同承担共建园的土地开发、经营管理以及分享园区收益。本节将对传统开发区和跨域共建园这两种不同产权安排下相关利益主体的权力和利益关系进行对比。

一　起点：基于传统开发区的产权独占

已有研究（殷存毅、何晓装，2015；殷存毅、汤志林，2010）显示，我国开发区一般采用两级管理制度——上级政府[1]宏观"目录管理"和地方政府"属地化管理"相结合。主要涉及的利益主体包括上级政府、属地政府还有其派出机构即开发区管委会。

---

① 如果是国家级经开区，上级政府就是中央政府有关部委。如果是省级经开区，上级政府就是省政府有关局委办。参见殷存毅和何晓装（2015）的研究。

上级政府主要负责对开发区进行宏观发展规划、目标设定、目录名单审批、运行监管审批和政策特许。从成本上看，上级政府一般不提供资金和资源投入，即"给政策不给钱"（李志群、刘亚军、刘培强，2011：43）。从收益上看，上级政府获得开发区 GDP 增长绩效、税收增长绩效以及税收分享，中央政府获得国税收入，地方政府与其下辖的开发区属地政府和开发区管委会一起分享地税收入。

属地政府是开发区的直接行政领导，负责任命和监督开发区管委会主要干部，执行特许政策，提供开发区部分建设资金，及责成开发区所在行政区（如区或镇）政府划拨土地和提供园区内部公共服务配套。建设资金包括两类：①在开发区建设初期提供十几万元到数百万元的少量启动费，由开发区成立开发公司，采用"借贷—开发—再借贷—再开发"的滚动开发模式，以土地出让金为还贷资金。②允许开发区留存大部分土地出让金和"在财政上缴基数上给予适当照顾"（李志群、刘亚军、刘培强，2011：93）。园区内部的公共服务，如公共交通、治安、医疗、教育等，以及园区所需土地的供给和动迁安置等，则由属地政府责成开发区所在行政区政府承担，属地政府会提供部分行政经费。① 从收益来看，属地政府获取地税分成及开发区 GDP 和税收的增长绩效。

开发区管委会是属地政府的派出机构，由其授权、代表其行使某些行政职权，主要包括制定产业发展规划、土地转让审批、税务管理、财政预算、工商行政、项目审批、人才引进以及外事活动审批等经济社会管理权，负责开发区的开发建设、招商引资及园区服务等。从成本来看，主要是由属地政府进行协调解决，如人事安排、土地资源、公共服务、建设资金等；从收益来看，获得土地出让金留成、地税留成以及开发区的经营管理收入。

初始产权安排下，开发区相关利益主体由负责审批的上级政府、

---

① 2000 年以后，一些地区的开发区管委会也开始承担部分公共服务职能，如北京亦庄开发区。

属地政府与开发区管委会三方组成。借鉴殷存毅和何晓裴（2015）的研究，基于各方的成本—收益分配情况，绘制简化的开发区相关利益主体关系图（见图 3 – 3）。①

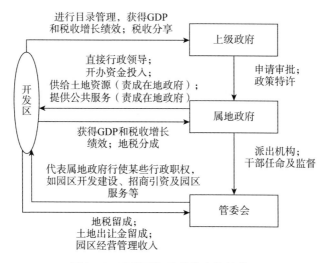

图 3 – 3　开发区相关利益主体的关系

　　鉴于开发区和属地政府的行政隶属关系，两者可视为一个整体，由属地政府统一替代。我国开发区采取的"属地化"管理体制决定开发区需服从属地政府发展偏好、参与招商引资竞争，由属地政府支持开发、向属地政府贡献经济收益。因此，结合前文提出的经济增长市场中的央地、政企关系模型，对开发区这一平台体现的政府和企业关系进行展示（见图 3 – 4）。其中，属地政府派出开发区管委会，供给土地资源、基础设施、优惠政策和政府服务等，吸引拥有产业资本的企业入驻，最终，属地政府享有园区收益的独占权（相对辖区外其他横向地方政府）。

　　综上，在初始的产权安排下，对开发区的成本和收益划分，主要是基于原有的行政区划边界，以及开发区的属地化管理体制，沿着纵

---

　　①　之所以要简化，是由于本书后续将着重讨论横向无隶属关系的地方政府间关系，不涉及对存在上下级关系的开发区属地政府与开发区在地政府进行单独利益划分，这里两方的成本和收益统一由属地政府代表。

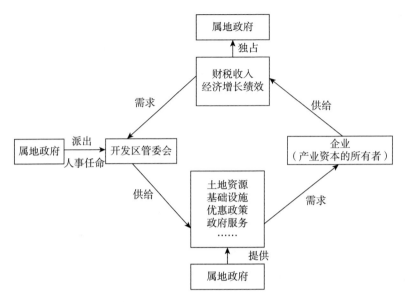

图 3 - 4 经济增长市场中的政企关系——基于开发区

向行政系统、由行政力量界定的。开发区体现行政区划经济的封闭性特点，即地方政府对开发区的发展资源（如土地资源）拥有排他性的控制权，享有排他性的收益权，与辖区外地区竞争流动性的产业资本。

二　趋势：基于跨域共建园的"产权共享"

结合已有研究（如罗小龙，2011：171；杨玲丽，2012；陈彬，2013：16～18）及笔者调研资料，共建园管理体制很大程度上沿袭以往的开发区管理体制，类似两级管理制度。第一，省级单位批准，由共建园所在地省级政府进行宏观目录管理，[①] 参与共建的异地政府所在的省级政府原则同意；第二，两地政府共管，包括共建园所在地属地政府和参与合作的异地政府通过政府间合作协议、共派人员组成共建园管理机构。主要利益主体包括异地政府、属地政

[①] 如上海漕河泾新兴技术开发区和浙江海宁合作设立的共建园，就由浙江省政府发文审批。

府，双方各自的省级政府（如果同省合作就是同一个省级政府），及共建园管理机构。

涉及两个省级单位的，这里将分别讨论。与传统开发区类似，共建园所在地省级政府主要负责对共建园进行宏观发展规划、目标设定、目录名单审批、运行监管审批和政策特许。从收益来看，将获得共建园带来的经济增长绩效以及税收分成。当同省合作时，两地同属一个省级政府，省级政府则有时会要求其下辖两地政府挂钩合作，如江苏的南北共建产业园，浙江的山海协作产业园等；同时，省政府可能提供部分开办资金以及特许配套的优惠政策，如江苏省对省政府认定的南北共建园前三年每年"以奖代补"投入1500万元，同时在省内用地指标分配时向共建园倾斜。这些省级政策的内容及功能，将在下一章分析合作模式时详细介绍。

跨省合作时，会涉及异地政府所属的省级政府，虽不进行直接审批，但是共建园的成立需要异地省级政府原则同意和相关部门备案。据调研，异地政府参与省外合作时，虽然不必获得其所在的省级单位审批，但须与该省发展思路相一致，且省级单位有可能否定合作计划。例如长三角A省某开发区提出与C省某县级市合作成立共建园时，A省政府就表示希望"留在省内"。[①] 同时，省级政府对共建园的产业类型可能进行"方向性"指导。以上海为例，笔者在上海开发区协会调研时被告知："两头（研发、销售）在沪，中间（生产制造）在外，这是上海的方向。"[②] 从收益来看，由于进行共建园合作后某些占地面积较大、投资或产出强度较低的产业或产业环节转出，一些经济效益更好的企业进入，提高了辖区土地的利用率，异地政府的省级政府间接获得"腾笼换鸟"后的GDP和税收增长绩效。同时，如果参与共建的两地政府进行税收分成，省级政

---

① 访谈对象：长三角A省某开发区在C省c市的分园总经理、副总经理，共2位。访谈时间：2012年11月15日。
② 访谈对象：上海市开发区协会某处处长等，共3位。访谈时间：2012年11月6日。

府也将从异地政府那里获得分成。

从参与共建的两地政府关系来看，一般来说，两地政府如果是同级行政单位的话，会签订协议建立政府间联席会议，对共建中的重大事务进行沟通，而合作的具体执行机构、共建园的出资机构就是各自辖区内的开发区管委会。而如果两地政府行政级别差异较大，如上海和周边县级地区合作，就由下辖开发区直接签约并执行合作，而上海市政府进行支持。

共建园所在地的当地政府主要负责提供土地资源、公共服务及优惠政策。异地政府将根据合作协议，派出人员在不同程度上参与园区开发建设、招商引资及园区服务等工作。从共建园开办资金来看，往往双方共同分担，在不同共建园中双方分担比例不同。从收益来看，双方根据分工情况，分享园区的土地出让金、地税收入以及开发运营收入。尽管目前许多地区存在 GDP 和税收收入增长绩效的异地统计需求，但主要还是当地政府统计，异地政府主要获得"腾笼换鸟"后的间接 GDP 和税收增长绩效。

共建园管理机构，由两地共派人员组成，以管委会为主，也有一些采取股份公司治理形式，采用股份公司形式的主要是上海与周边城市的合作，本书统一以管委会来指代。① 根据不同的合作协议，从行政地位上看，共建园管委会，可能是当地政府的派出机构，也可能是异地政府的派出机构（如表 3-1 所示）。在传统开发区中，党工委主任和管委会主任往往是同一人，体现"党政合一"，然而，在共建园中则有可能出现"党政分离、交叉派出"的情况，党工委为当地党委派出，管委会由异地政府派出。下文分析中，将沿用学

---

① 共建园管理机构以管委会为主，也有一些采取开发公司的治理形式。上海参与共建的园区主要是由开发公司管理。主要原因是，在上海市的国家级开发区中，闵行开发区、虹桥开发区、金桥出口加工区等都是由公司而不是管委会来管理的，因为建园时这些园区功能比较单一、地域面积比较小（李志群、刘亚军、刘培强，2011：57）。除不承担行政职能以外，开发公司与管委会无本质区别，开发公司领导仍由当地政府任命。在参与跨域共建时，这些开发区和当地政府共同合资成立子公司来进行园区管理。

界对开发区研究的惯例，用管委会统称共建园的管理机构，而不区分党工委和管委会。

表 3-1　共建园管委会的行政地位及人员构成

类型	管理机构的行政地位	管理人员构成	举例
"党政合一"型	党工委、管委会为当地政府的派出机构	主要由异地政府选派	张家港宿豫工业园
		两地政府共同选派	濉溪芜湖现代产业园
	党工委、管委会为两地政府的派出机构	两地政府共同选派	吴江（泗阳）工业园
"党政分离"型	党工委由当地党委派出，管委会由异地政府派出	党工委书记由当地派出，管委会主任由异地派出	蚌埠铜陵现代产业园区

资料来源：江苏政务服务网，http://syqzjgsygyy.jszwfw.gov.cn；招商网络安徽招商分站、濉溪芜湖现代产业园区介绍专栏，https://ah.zhaoshang.net/yuanqu/detail/493/intro；《吴江市人民政府　泗阳县人民政府关于印发〈吴江（泗阳）工业园管理办法〉的通知》（吴政发〔2007〕40号、泗政发〔2007〕29号）；铜陵市人民政府官网，https://www.tl.gov.cn/zxzx/xwzx/136/201310/t20131029_200848.html。

　　例如，在蚌埠铜陵现代产业园区，党工委为中共蚌埠市委（当地）派出机构，管委会为铜陵市人民政府（异地）派出机构，为正县级单位，派出管委会管理人员并负责组建开发公司。在张家港宿豫工业园区，党工委和管委会是宿迁市委、市政府（当地）的派出机构，副处级建制，然而，党工委、管委会以及内设机构的主要负责人均由张家港市选派（异地）。在吴江（泗阳）工业园，由吴江和泗阳两地政府主要领导共建"区中园"协调理事会（代党工委职能），管理委员会作为吴江和泗阳两地政府的派出机构，人员由两地共同选派（以吴江为主）。在濉溪芜湖现代产业园，党工委、管委会都是濉溪县委、县政府的派出机构（当地），人员由两县选派。

　　与传统开发区类似，根据现实需要，共建园管委会可能会被当地政府授权行使某些行政职权[1]，包括行使产业发展规划、土地审

---

[1]　行使程度需要取决于共建园的具体类型及双方的合作模式，如共建园为当地某一开发区的"园中园"，则行政职权有可能由该开发区行使，也有可能由共建园行使，如为独立园区，则可能会被赋予行政管理权，如苏州和宿迁的合作。

批转让、税务管理、财政预算、工商行政、项目审批、人才引进以及外事活动审批等经济社会管理权，管委会负责开发区的开发建设、招商引资及园区服务等。

综合以上分析，本书对共建园中有关利益主体间关系进行整理（见图3-5）。需注意的是，尽管不同共建园采取的合作模式各异，体现为两地的职责、成本和收益分配不尽相同，但均体现"产权共享"思路。对合作模式的分类及选择将在下一章具体分析，本章主要讨论出现这种制度安排的原因。

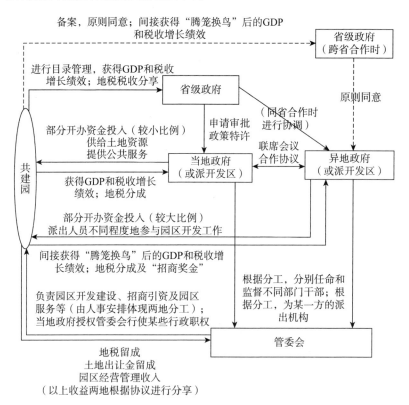

图3-5 共建园有关利益主体关系

从成本来看，由两地共同出资，协商分工，并根据分工各自进行人事任免；从收益来看，土地出让金留成、地税留成以及共建园的经营管理收入由两地按照股本比例分配或协商共享。体现在产权安排上,横向政府间通过共建园这一平台对地方产权进行转移和让渡,实现新的成本和收益结构(见表3-2)。就成本而言,由欠发达地区的当地政府提供土地资源和公共服务,来自经济发达地区的异地政府根据合作协议,不同比例地进行投资、不同程度地派出人员参与园区开发;就收益而言,属地政府和异地政府共同分享园区经营收入、园区财税产出以及直接和间接的园区经济增长绩效。

表3-2 区域合作双方在共建园中的职责、成本和收益分配

	发达地区地方政府	欠发达地区地方政府
职责分配	承担全部或部分园区开发职能	(1)承担剩余部分园区开发职能; (2)提供土地资源,负责征地拆迁,提供公共服务
成本分担	园区开办资金,承担履行职责的成本,派出人员承担相应职责	园区开办资金,承担履行职责的成本,派出人员承担相应职责
收益分享	(1)视职责分配情况,参与土地出让金和税收分成,园区工业厂房和办公楼销售及租赁收入,园区服务收入等; (2)"腾笼换鸟"后的间接GDP和税收增长绩效	(1)视职责分配情况,获得发达方分成后剩余的园区直接收益; (2)共建园的直接经济增长绩效计入当地

综合考虑共建园管委会、当地政府和异地政府,结合前文提出的经济增长市场中的央地、政企关系模型,对共建园这一平台体现的政府和企业的关系进行展示(见图3-6)。在生产要素市场上,当地政府提供土地资源和公共服务,而异地政府利用其拥有的招商网络、经营管理经验等,负责园区的开发建设、招商引资、园区服务等(与当地政府不同程度地分工)。双方根据分工,进行相应的人事任免,共同组成共建园管委会,管理双方合作资源,吸引企业入驻。由企业投资而带来财税收入及经济增长绩效,双方根据分工情况进行共享。

综上可见,区域合作中横向政府间对共建园的成本和收益划分,突破了现有行政区划边界,实现了来自不同行政区划政府间的产权共享,表现出区域经济的开放性特征:由共建园所在地政府和

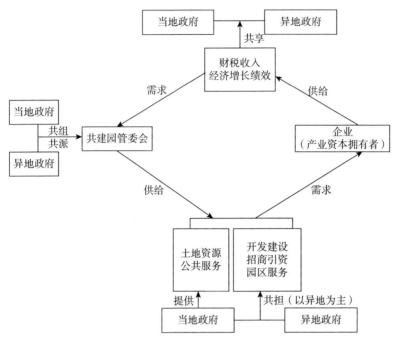

图 3-6 经济增长市场中的政企关系——基于共建园

异地政府分享园区发展资源的控制权（主要是原本由属地政府享有的土地控制权），共享园区发展的收益权，双方通力合作与辖区外的其他地区竞争流动性的产业资本。

第三节 区域合作的促进因素：资源约束

一 背景：全国整体土地资源约束趋紧

改革开放初期，对各地方政府而言，发展经济面临的主要资源约束大都是产业资本不足，而计划经济体制下没有得到充分利用的土地资源、劳动力资源等则处于充足供应状态。这一时期，各地方政府在经济发展中的关注焦点都是如何通过利用本辖区内已有资源，来吸引流动性的外来投资；只要能充分利用本地资源，就可以尽可能增加经济收益。

最初，作为地方政府招商引资平台的各类开发区对产业资本规模、产业发展类型等并不设定门槛，更多是持有"捡到碗里都是菜"的态度。我国开发区的"属地化"管理体制，决定开发区必须服务于地方政府推动经济增长的需求，相对充裕的土地资源成为地方政府"短平快"吸引产业投资、促进经济增长的主要工具，对开发区土地粗放式利用，导致开发区面积不断扩张。以某西部地区的国家级高新区为例，据园区领导介绍：

> 从发展的情况看，高新区一开始并没一个具体的产业选择的标准，一般是企业来了就接受，到后面资金实力发展后，才会来考虑产业选择的问题……发展初期，不排除（不符合产业规划的企业）。最初项目是够不够条件都进。[①]

即使是经济较为发达的长三角地区，同样的事例也在发生。标志性事件就是上海与周边地区竞争制造业"173 计划"。2003 年 5 月 13 日，上海市财政局、市外资委、市工商局等六部门正式与嘉定、青浦、松江三区签订《关于推进落实试点园区降低商务成本政策备忘录》；将已经划定的三个区内 67 平方千米的开发区用地增加到 173 平方千米，对开发区内新进驻企业实行大力财政税收支持政策。外界将这一揽子计划统称为"173 计划"。同时，当时上海市政府表示，在上海人均 GDP 达到 1 万美元前，类似试点园区的面积还将进一步扩大（范军勇，2004）。这一计划直接导致长三角区域范围内的招商引资竞争。苏浙两省各地政府采取诸多应对措施，包括零地价土地出让、赠送厂房及税收、投资返还等一系列优惠政策。这样的竞争，造成土地资源的浪费。

---

① 感谢汤志林博士提供访谈资料支持（访谈对象：西部某国家级高新区开发公司。访谈时间：2008 年 12 月）。

审计署在 2005 年度中央预算执行的审计工作中，基于对上海、天津、江苏、浙江、江西和四川 6 个省（市）所属 87 个开发区 2003 年至 2005 年 6 月财政税收政策执行情况的审计调查发现，为"招商引资"，2003 年至 2005 年 6 月，87 个开发区中有 60 个违规低价出让土地 7873 万平方米，少收土地出让金 55.65 亿元。一些地方甚至在国务院明令禁止低价出让土地的情况下，采取先按国家规定签订土地出让合同，再返还土地出让金或者给予财政补贴等手段，变相低价出让土地。这一问题导致一些企业恶意圈占、倒卖土地，扰乱了正常的经济秩序（李金华，2006）。

土地资源不仅是地方政府在经济增长市场上参与经济竞争、在招商引资市场上吸引产业资本的重要要素，更是地方政府的重要收入来源，即土地财政的形成。其中，土地出让金是土地财政的主要组成。

发展规模的扩大、对土地资源的粗放利用及地方政府对土地财政的高度依赖，导致我国的耕地面积急剧减少。1998 年 8 月，国家正式颁布的《中华人民共和国土地管理法》中，一项重要新增内容就是严格控制耕地非农用途转用。国家严格保护耕地，设置"18 亿亩红线"。在这种背景下，土地资源存量减少的同时，增量同步减少，导致各地区可获建设用地指标减少，推动经济增长的土地资源供给不足。

二 土地资源约束：经济发达地区

（一）存量减少与增量收紧

从存量来看，由于经济发展速度较快，发达地区比欠发达地区可利用的建设用地更少。本书计算了 1996～2008 年全国各省（自治区、直辖市）的耕地面积减少率（见表 3－3）。据测算，东部地区的耕地减少率为 7.28%，高于全国平均水平（6.40%）。在中西部地区可以通过占补平衡方法保证耕地总量的情况下，由于存量不足限制，东部地区面临耕地面积减少的困境，例如排名较前的北京、上海、广东和浙江的耕地面积减少率分别为 32.63%、22.56%、13.49% 和 9.62%。

表3-3　我国各省（自治区、直辖市）耕地面积减少率（1996～2008 年）

单位：%

最高类			较高类			较低类			最低类		
省区市	减少率	排名	省区市	减少率	排名	省区市	减少率	排名	省区市	减少率	排名
北京	32.63	1	内蒙古	12.85	7	江苏	5.89	16	吉林	0.79	27
上海	22.56	2	宁夏	12.74	8	湖北	5.77	17	西藏	0.28	28
陕西	21.21	3	山西	11.61	9	江西	5.56	18	黑龙江	-0.49	29
青海	21.12	4	浙江	9.62	10	云南	5.44	19	新疆	-3.48	30
四川	21.12	5	天津	9.16	11	海南	4.54	20	重庆	-37.24	31
广东	13.49	6	贵州	8.53	12	广西	4.32	21			
			河北	8.22	13	湖南	4.14	22			
			福建	7.29	14	安徽	4.04	23			
			甘肃	7.28	15	河南	2.27	24			
						山东	2.26	25			
						辽宁	2.14	26			

资料来源：根据2001 年和2009 年《中国统计年鉴》中耕地面积数据计算；因重庆于1997 年成为直辖市，1996 年重庆耕地面积数据来自2001 年《重庆统计年鉴》，1996 年的四川数据中去除当年的重庆数据。

　　从增量看，《土地管理法》实施之后，建设用地指标极其稀缺，各方博弈下，分配方案显示出全国大平均特点。根据张蔚文和李学文（2011a）的研究介绍，浙江省作为快速发展的经济大省，1997～2010 年中央规划划分给浙江的建设占用耕地指标仅为 6.67 万公顷，只略高于全国各省区市平均分配指标即 6.34 万公顷，在省内，也采取类似的平均分配方案。这种建设用地指标分配方案，忽略了区域经济发展差距和土地资源禀赋差异，而指标总量本身就从严从紧。因此，许多土地需求旺盛或辖区内原有土地禀赋较差的地区就面临巨大的发展瓶颈（汪晖、陶然，2009）。

总体来看，经济发达地区在促进经济增长和扩大招商引资的要素资源市场上，资源保有量和需求量已经发生变化，即经过了改革开放初期的初始产业资本积累阶段，当地政府获得了稳定税源，也积累了丰富的经济管理经验，建立了完备的政府服务体系，以及与辖区企业密切联系而建立的招商网络等，产业资本已相对充裕；然而，原本在改革开放之初几乎无限供应的土地资源，由于建设用地指标缺乏、产业发展规模扩大等出现了供给不足，大量开发区面临"企业进园，无地可供"的困境，土地资源约束加剧，制约发达地区的经济增长。

（二）提高土地利用效率，调整产业结构

面临土地资源约束加强，提高招商门槛，优化产业选择，从招商引资向招商选资转变，以提高土地利用效率，成为这些地区的首要选择。据调研，一些占地空间较大、劳动力密集的生产环节，如轻工、纺织、化工、电子信息产品加工制造和机械设计制造等产业开始不再为地方政府所追逐。需要注意的是，也正是这些产业（或产业环节）奠定了这些经济发达城市的工业化基础，也成为其辖区内许多开发区的主导产业。

以电子信息产业为例。这曾是长三角地区各大开发区，特别是上海和苏南地区的开发区，在起步阶段大规模发展的产业。从满足国外订单的委托加工制造做起，这些地区采用以国际代工为特色的产业发展模式，导致整体技术层次普遍偏低、产品增值程度很小（李燕、曹永峰，2007）。由于占地面积大、配套要求高，且多为外资出口加工企业，享受税收返还和税收减免，因此，尽管工业产值大，但税收贡献小，大量涌入的外来产业工人也为当地社会治理带来较大挑战。根据上海市经济和信息化委员会公布的数据，笔者计算了以电子信息产业为主的松江出口加工区与以汽车产业为主的嘉定工业园的单位产值企业利润率和税收产出率（见图 3-7），前者显示出极低经济回报。松江将电子信息产业戏称为"举杠铃"（上

海话，指最头疼的活）。①

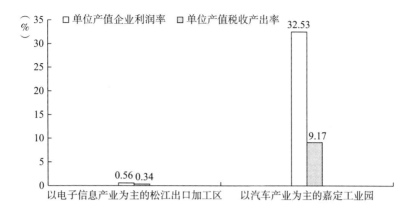

图 3-7　松江出口加工区与嘉定工业园单位产值企业利润率与税收产出率对比

资料来源：上海市经济和信息化委员会，2014，《2014 年上海市开发区综合评价结果》。

随着土地资源约束加强，电子信息这样利润率低的产业，成为经济发达地区想要有序转移或拒绝供地的产业，只希望其留下服务业环节。据长三角经济强省 A 省省委办公厅某同志介绍：

> 之前有个著名大型电子信息产品代工企业想来 A 省投资扩大，也提出建运营总部，但提出的土地、配套要求很高，一下子要 5 万名产业工人，这么多人对 A 省压力大。综合税收，我们测算了是 0.1%，很低。A 省已经过了这个阶段了。②

发展较成熟的 A 省 j 工业区领导告诉笔者：

> 某大型电子产品生产制造公司在我们这里，出口加工区它有一大片，可能有转移的趋势，因为重庆正在发展。省里想让

---

① 访谈对象：上海市社会科学院研究人员，共 4 位。访谈时间：2012 年 6 月 29 日。
② 访谈对象：长三角 A 省省委办公厅某研究人员。访谈时间：2012 年 11 月 5 日。

它有序转移留下高端服务业。①

同时，这些地区也开始主动推动产业结构调整，通过整理工业土地用地，不供地，提高供地价格，对闲置土地、低效土地限期整改等方式，淘汰、转移低效土地利用企业，腾出土地发展现代服务业。从 2006 年起，上海市政府先后出台《上海市土地资源节约集约利用"十一五"规划》《上海市人民政府办公厅转发市经委等九部门关于加快本市产业结构调整盘活存量资源若干意见的通知》（沪府办发〔2006〕38 号）等文件，强调要严格控制工业用地面积，整理工业用地，淘汰低效土地利用企业。资料显示，"十一五"期间，上海的许多老工业基地着力推动产业转移、促进产业结构调整。

从市场角度看，政府采取提高投资门槛及调整产业结构的措施，从招商引资向招商选资转变。对非目标产业的税收优惠减弱或取消、不供地、提高供地价格等措施，也更扩大了发达地区与欠发达地区的生产成本差距。因此，因占地空间较大、劳动力密集而对土地、劳动力、运输等生产成本较为敏感的产业，迫切需要转移至生产成本较低的地区。

三　资本约束：欠发达地区

在经济发达地区土地资源约束趋紧、产业结构调整需求迫切的同时，一些经济相对欠发达地区对资本仍然极度渴求。这些地区由于区位、政策、机遇、观念等，在上一轮招商引资竞争中位列下游，尽管同样处于全国整体土地资源约束趋紧的大环境中，仍有相对充裕的可建设用地存量。然而，全国大平均分配的可建设用地指标（张蔚文、李学文，2011a），对许多土地需求旺盛的

---

① 访谈对象：长三角 A 省 j 工业区管委会某副职领导。访谈时间：2012 年 11 月 6 日。

地区明显不足，但对这些经济相对发展较慢的地区而言却相对充足。因此，在发达地区由于投资强度不达标而不能供地的企业，在这些地区往往广受欢迎，甚至是优质项目。依靠相对充裕的土地资源，吸引流动性产业资本，仍是这些地区推动经济增长的主要路径。

《江苏省工业建设用地指标（2010 年版）》中，苏南地区对投资强度的要求远高于苏北地区（见表 3 – 4），以通信设备、计算机及其他电子设备制造业为例，苏南每亩高达 450 万元，而苏北每亩仅为 263 万元。

表 3 – 4　2010 年江苏省工业建设用地投资强度指标

单位：万元/亩

序号	用地项目名称	投资强度		
		苏南	苏中	苏北
1	农副食品加工业，食品制造业，饮料、烟草制造业，纺织业，纺织服装、鞋、帽制造业，皮革、毛皮、羽毛（绒）及其制品业，木材加工及木、藤、棕、草制品业，家具制造业，造纸及纸制品业，非金属矿物制品业	253	170	130
2	印刷业和记录媒介和复制业，橡胶制品业	260	223	170
3	塑料制品业	267	186	130
4	石油加工、炼焦业，化学原料及化学制品制造业	273	223	170
5	金属制品业	293	223	170
6	交通运输设备制造业	300	280	227
7	黑色金属冶炼及压延加工业，通用设备制造业，专用设备制造业，电气机械及器材制造业，仪器仪表及文化、办公用机械制造业	300	270	190
8	有色金属冶炼及压延加工业	333	270	190
9	医药制造业	373	335	230
10	化学纤维制造业	367	335	230
11	通信设备、计算机及其他电子设备制造业	450	450	263

资料来源：江苏省国土厅公布的《江苏省工业建设用地指标（2010 年版）》，本书对相同投资强度的产业进行了合并。

第四节 案例研究：竞争还是合作？

前文对跨域共建产业园的分析，首先展现横向地方政府间通过共建产业园，对原本由欠发达地区政府所有的土地控制权及其利益进行调整，实现从产权独占向产权共享的转变。之后分析触发区域合作的资源约束现状。本节将通过对两个具体案例的对比，结合理论分析框架，总结资源约束使地方政府展开区域合作的过程性机制。

一 案例研究设计

（一）案例选择标准

在回答"如何做"（How）和"为什么"（Why）这类富有解释性的问题时，案例研究法、历史法和实验法更为适宜，"因为这类问题需要按时间顺序追溯相互关联的各种事件，并找出它们的联系，而不仅仅是关注它们出现的频率和范围"（殷，2017：14）。"区域合作的激励机制"（为什么合作）和"区域合作的模式选择"（如何在多样化的合作模式中进行选择）就属于这类解释性问题。对于本书的主要观察对象——共建园，笔者可以通过调研共建园、访谈参与合作的地方政府或执行合作的开发区领导及共建园领导等直接获得研究资料，辅之以受访对象提供的文件档案等一手资料，以及来自学者和媒体等的二手资料来分析，但并不能采取类似实验的方式来控制研究对象及相关因素。因此，案例研究法是较为适宜的研究方法。

对选择单案例研究还是多案例研究，学界也存在争议。Eisen-hardt（1989）认为多案例研究类似定量研究方法，通过比较不同案例间变量的差异，可解释并验证新的理论，他建议取五个或七个案例为宜。Dyer 和 Wilkins（1991）则认为多案例研究容易忽视案例中的细节，难以发现现象背后的深刻理论见解，而单案例研究可以借助对案例的深入描述，揭示其中的作用机制。按照罗伯特·K. 殷（2017：79）的观点，即使是双案例研究也比纯粹的单案例研究要好，并鼓励进行多案例研究。就本书对共建园展开的区域合作研究来看，不同样本在因变量上存在明显互斥性特征——合作还是竞争、深度合作还是浅层合作，因此多案例研究更适宜。

本节进行案例研究，旨在检验本书回答"区域合作的激励机制"时建构的理论框架，即"'发达地区的土地约束'+'欠发达地区的资本约束'"→"资源互补"→"收益预期"的逻辑。由于涉及变量较少，选择分别体现竞争与合作的两个案例，寻找合作双方的激励来源——"收益预期"如何产生。

案例的选择标准，主要体现在三个方面：①资料的可获性。本书分析的案例，除一个代表竞争状态的，其他共建园都成立了五年以上，且在进行实地调研或访谈时相关园区管委会、合作双方及当地政府职能部门也都积极配合，保证数据资料的完备。②案例的代表性。本节选择的两个案例中，案例一是 A 省 a 开发区与 B 省 b 市的合作案例，案例二是 A 省 q 商务区与 C 省 c 市 d 商务区的竞争案例。这两个案例代表长三角地区地方政府依托开发区进行合作或竞争的两种状态，而且案例本身的关注度高、影响力大。a 开发区作为我国最早一批经济开发区和高新技术产业园，发展水平居 A 省乃至全国领先地位，也是 A 省最早开始面临土地资源约束的开发区之一。2003 年就开始在 A 省内扩建分园，2009 年跨省与 B 省 b 市合作，截至 2012 年已经有三家省内分园、两家省外分园。因此，研究长三角地区的共建园，学者和政府都可谓"言必谈 a 开发区"。而案例二则是长三角地区地方政府间相互竞争的典型代表。从以往来看，d 商务区所在的县级市 c 市，是长三角的制造业重镇，连续 8 年在全国中小城市综合实力全国百强县中排名领先。A 省 q 商务区是 A 省布局产业转型的核心区域。① 而建在 A 省与 C 省交界处的 d 商务区作为 C 省探索产业转型的重点地区，建成之初就引起 A 省的警惕。这在案例中将进一步展示。③案例的互斥性。两个案例代表地方政府间合作和竞争两种截然不同的行为选择，便于进行对比分析。

案例的基本情况显示在表 3 - 5 中。

表 3 - 5   案例基本情况

编号	双方关系	关系表现	参与合作/竞争的发达方（相对）	参与合作/竞争的欠发达方（相对）	地理距离
案例一	合作	跨域共建产业园，引导产业转移	A 省 a 开发区	B 省 b 市	132 公里
案例二	竞争	展开招商引资竞争	A 省 q 商务区	C 省 c 市 d 商务区	30 公里

注：出于研究伦理考虑，对案例涉及地区进行了匿名化处理。表中发达方与欠发达方只是为区分合作双方，例如，案例二中的 d 商务区所在县级市 c 市，是长三角的制造业重镇，连续 8 年在全国中小城市综合实力全国百强县中排名领先，因此不能算是"欠发达方"，这里只是相对经济发达的 A 省而言的。

（二）案例资料来源

本节涉及案例资料以 2012 年 3 月到 2012 年 11 月笔者的实地调研访谈为主，以相关文献资料、政府研究报告及专题新闻报道等为辅。访谈单位列表显示在附录一中，访谈提纲如附录二所示。

（三）编码方法及结果检验

对案例资料的分析，本书主要采用罗伯特·K. 殷（2017：48）的理论建构前置策略，它有助于更好地聚焦收集、分析与变量相关的材料，而忽略其他不相关信息。本书按照第二章建构的理论分析框架来进行编码，使变量相关内容更加集中，以核心变量为主线，

---

① 访谈对象：长三角 A 省 q 商务区管委会某部门领导及研究人员，共 2 位。访谈时间：2012 年 11 月 5 日。

结合事件发展顺序来描述，并得出结论，以显示变量（资源约束、资源互补、收益预期）对结果（是否合作）的影响。

为保证案例研究的质量，本书参考罗伯特·K. 殷的做法，从多个维度进行检验（见表 3 – 6）。罗伯特·K. 殷（2017：56 ~ 60）从建构效度、内在效度、外在效度、信度四个检验维度来评定案例研究的质量。建构效度（construct validity），即对所研究的概念形成一套正确的、具有可操作性且成体系的研究指标；内在效度（internal validity），即从各种纷乱假象中找出因果联系，证明某一特定原因将产生另一特定结果；外在效度（external validity），即某一案例的研究成果可以归纳成理论，推广到其他研究；信度（reliability），即案例的每一步骤都具有可重复性，且重复这一研究，就可以得到相同的结果。

表 3 – 6 案例研究结果检验方法

检验内容	检验方法
建构效度	拓展证据来源，对各种证据进行相互印证，形成证据三角形
内在效度	对多个样本先后访谈，进行反复筛选、确认，找出核心变量；采用模式匹配方法，在实证研究和理论假设之间进行匹配对照
外在效度	借助多案例研究，将相同的研究结论在不同案例间进行复制、检验
信度	详细记录研究步骤，整理案例资料库

为保证案例研究的建构效度，除了访谈信息，本书还注重拓展证据来源，对各种证据进行相互印证，形成证据三角形（殷，2017：143）。进行半结构式访谈时，一方面保证与合作主要参与者交流，另一方面，在访谈案例当事人时，会专门提及相关案例中的一些核心问题以验证其可靠性；同时，查阅已有研究、新闻媒体的报道、相关政府部门报告或资料等，进行信息复核。

内在效度方面涉及变量间因果关系的准确识别和推论过程严密两个问题。对前者，通过对多个样本先后访谈，进行反复筛选、确认来实现的。例如，在访谈初期，根据已有研究和相关信息，笔者曾认为是地方官员间的非正式网络关系（强调人情关系）和地方政府间的正式网络关系（强调上级政府推动）决定是否合作，然而多次访谈及多案例比对后，发现这些网络关系只是最终促成合作的偶然因素，而是否合作仍取决于经济利益，即合作可为双方带来的收益，这与双方的资源禀赋情况密切相联，后续针对同一案例的访谈也证实了这一逻辑（如第四章中的案例研究部分）。为保证推论过程严密，主要运用模式匹配（patten-matching）方法（殷，2017：169～173），将实证研究的实际模式与理论建构建立起来的预测模式进行匹配。本书已根据已有研究理论和文献资料形成理论假设预期，总结出变量间的逻辑链，本节将基于案例形成事实链，进行匹配对照。

本书通过多案例研究来提高外在效度。本章进行双案例对比，第四章运用三案例对比，在对单个案例进行分析性归纳后，再运用复制原则，将研究结论在不同案例间进行复制、检验，提高外在效度。

最后，信度方面，详细记录研究步骤，将访谈内容整理成文，建立案例资料库，保证后来者若重复研究可得到相同结果。

二 "异地生财"之路：A 省 a 开发区与 B 省 b 市共建产业园案例

（一）双方概况

A 省 a 开发区，是我国首批成立的国家级经开区和国家级高新区之一。根据省经济和信息化委员会的统计数据，2014 年单位面积投资强度在全省 100 余个开发区中排名领先，投资强度为 10239.78 万元/公顷，是全省平均水平的近 3 倍，主导产业为光电子、微电子设计、计算机信息技术等。B 省 b 市（县级市），距 A 省约 132 公里，是我国著名皮革、纺织产业基地，民营经济蓬勃发展。

（二）资源约束：a 开发区土地资源约束，b 市产业资本短缺

a 开发区作为我国最早一批国家级开发区，经过 20 多年高速发展，数千家中外高科技企业及其研发机构"挤在"只有 5.98 平方公里的本部园区。由于土地资源限制，发展相对成熟的本部园区已无可建设用地，园区内许多企业迫切需要扩大产能或实现研发成果落地生产，然而，园区空间有限，不能满足企业需求，也制约开发区引进大型产业项目。此外，根据相关文献，由于起步较早，园区本部有许多老牌国有企业，占据巨大地块，经营效益差，也与 a 开发区的产业定位不相符，a 开发区想通过淘汰低效土地利用企业来整理工业土地，但遇到较大阻碍。土地资源不足成为 a 开发区最主要的发展瓶颈。

事实上，在与 b 市合作之前，a 开发区已在 A 省内部进行了两轮空间扩张。第一次是在 20 世纪 90 年代中期，为回应园区内企业的业务需求，a 开发区就跳出本部在 A 省内设立民营企业生产基地和出口货物仓储点。第二次是从 2003 年开始，由于总部发展空间不足，a 开发区与某远郊区政府共同出资建设了一个新的高科技园区，这也成为 a 开发区的新一轮发展基地。这两轮扩张中，由于 a 开发区受省政府直接管理，远郊区政府仅为其提供公共服务，省政府也希望以国家级园区带动发展较慢的其他园区发展。a 开发区的省内土地扩张由于得到 A 省政府大力支持，并未遇到太多跨行政区划边界扩张带来的体制性障碍。

然而，随着 A 省整体面临的资源环境约束更加严峻，a 开发区的省内土地扩张受到限制。对 a 开发区来说，想转出的是低端制造业环节，然而 A 省整体发展水平较高，其他开发区当时也并不愿意接收这些产业。再加上 A 省整体商务成本上升，其只能在其他远郊开发区或外省市寻找生存空间。越来越多的园区企业希望"跳出"A 省，在长三角其他地区寻求产业合作之路，进行区域生产布局。园区企业将总部留在 a 开发区本部、制造业布局在长三角其他城市

的跨区域布局现象日益增多，有的甚至"连根拔起"，整体转移。a
开发区一方面面临发展空间不足，另一方面，也困扰于企业向外转
移带来财政损失。据 a 开发区领导介绍：

> 企业在外地已经大量布点了。一个企业，100 亩土地，100
> 亿元产值，税收 6 亿 ~ 8 亿元，但实际上很多是在外地生产的。
> 如果园区不把这些服务好，这些企业就连根拔起跑了。①

而距离 a 开发区仅 132 公里的 b 市，与其相比存在巨大经济发
展差距。作为经济增长极重点打造的 b 市经济开发区，成立于 1992
年，1997 年成为省级开发区，园区规划面积为 a 开发区的 10 倍，
已开发面积却仅占最初规划面积的 1/3，产业投资密度不足 a 开发
区的 1/3，工业土地价格约为其 1/7。

（三）资源互补：a 开发区寻求空间拓展，b 市希望承接转移

巨大发展压力下，a 开发区迫切需要摆脱土地资源约束，对外
拓展发展空间：一方面，适应企业的生产扩张、业务扩张需求，避
免产业大量外移带来经济损失；另一方面，通过转移低端生产制造
业腾出更多资源和空间吸引高技术含量、高附加值产业。2008 年
开始，a 开发区将目光投向 A 省周边的其他长三角城市，希望寻求
区域"合作伙伴"。

在 A 省土地资源日趋匮乏的同时，长三角的其他城市纷纷将接
受 A 省经济辐射作为发展路径。B 省 b 市就是其中之一。在 B 省
"十一五"规划中，b 市属于布局接受 A 省辐射和带动的重点战略
地区。对 b 市乃至其所在的整个地级市而言，借力 A 省产业转型升
级发展、接受经济发展辐射，是各级政府自上而下的着力重点。

---

① 访谈对象：长三角 A 省 a 开发区某副职领导及某部门经理等，共 4 位。访谈时
间：2012 年 11 月 6 日。

b 市临近 A 省的区位优势、充足的土地资源、强烈的招商引资意愿，a 开发区日益趋紧的土地资源约束、迫切的"腾笼换鸟"需求，使两地形成互补关系。

（四）收益预期：a 开发区期待异地生财，b 市寻求招商名片

a 开发区认为，通过跨域经济合作共建产业园，既解决空间约束问题，扩大发展空间，又满足企业需求，延伸园区产业链。通过开办异地分园，引导企业留在本区原有体系内，进而通过分享异地园区税收收益等，保证本区经济利益不受损。而开办异地分园，本身也将增强其作为国家级开发区的品牌影响力。调研中，a 开发区领导介绍共建园成立初衷时提到：

> 园区要做大，还有一个产业的梯度转移，近水楼台先得月，要放到自己的园区……我和企业有信任，那边的园区又是我的，我就把这边园区的产业，向那边拉伸产业链……我们是引导企业，不左右企业。在这边不合适，如地价太高，我们就让它看其他园区，如果可以，我们就介绍过去，反正就在我的园区体系内的，不让他走。我们要对外合作，要产生现金流回来的才行。现在机会在哪儿呢？第一不能扶贫，第二要出去。①

类似地，A 省另一开发区领导在介绍与苏北某县的合作时也提到：

> 西气东输，也是高科技的，但需要大量的土地，就大量在××县生产……如果这些企业留在这儿，面临土地的障碍、电力的障碍，在这儿就没法扩大产能。但这两个瓶颈在他们那儿不是瓶颈，因为他们滩涂复垦指标多。这些企业走了，我们可

---

① 访谈对象：长三角 A 省 a 开发区某副职领导及某部门经理等，共 4 位。访谈时间：2012 年 11 月 6 日。

以有更多的企业过来。①

对于 b 市，a 开发区这个牌子更多的意义在于，它是一张"招商名片"：

> 我们讲的是品牌输出，招商并不是以当地园区的名义去招，而是以 a 开发区的名义去招。招商全权委托 a 开发区。a 开发区的理念，要统一规划，统一招商。对当地，它是愿意的，因为它这么多年都没做好，现在有 a 开发区做得好，当然愿意。为了发挥国家级的品牌作用，就做了这个。②

与 A 省建立经济合作，意味着只拥有省级开发区的 b 市，可以分享 a 开发区作为国家级开发区的品牌资源，学习其管理经验和管理模式，利用其招商网络，获得其资本和人才支持，"从而筑巢引凤，获得跨越式发展"（时任 b 市开发区管委会主任的评价）。③

（五）案例结果：共同开发园区，分享园区收益

一个偶然的机会促成了两地合作。2008 年 b 市的一位领导在 a 开发区挂职时，在两地跨省合作中起到"穿针引线"作用。当时，A 省也支持 a 开发区走出去寻找发展空间，但由于 A 省与 b 市间的行政级别不对等，省政府没有直接参与合作。④

2008 年 10 月，a 开发区和 b 市政府正式签订全面合作框架协议，a 开发区与 b 市经济开发区合作协议。2009 年 9 月，B 省办公

---

① 访谈对象：长三角 A 省 j 工业区管委会某副职领导等，共 4 位。访谈时间：2012 年 11 月 6 日。
② 访谈对象：长三角 A 省 a 开发区某副职领导及某部门经理等，共 4 位。访谈时间：2012 年 11 月 6 日。
③ 2009 年 12 月合作启动当日当地官方报纸专题报道。
④ 访谈对象：长三角 A 省 a 开发区某副职领导及某部门经理等，共 4 位。访谈时间：2012 年 11 月 6 日。

厅批复同意设立 a 开发区 b 市分区。2009 年 12 月，a 开发区、b 市政府、b 市经济开发区正式签署全面合作协议，标志合作正式全面启动。这也是 A 省与 B 省的第一个跨省合作共建产业园。共建园总规划面积 15 平方公里，位于 b 市经济开发区北区块，首批启动面积 1.75 平方公里。[①] 它的成立，开启了 a 开发区的"异地生财"之路。

共建园运营中，由 a 开发区主导开发运营，全面负责土地一级开发和二级开发，其中，一级开发主要包括基础设施建设，二级开发包括规划建设、招商和园区服务等。由 b 市负责征地拆迁和社会服务。

共建园采用公司治理形式。a 开发区和 b 市分别出资 5500 万元和 4500 万元，注册成立园区开发公司，作为园区唯一开发、建设、经营和管理主体，双方约定每年各自追加 5000 万元投资，2012 年合资公司注册资本达到 2 亿元。a 开发区通过任命合资公司领导、组建园区管理团队主导园区开发。[②]

利益分配方面，双方约定，合资开发公司产生赢利后，两地按股本比例分成，即 a 开发区获得 52.5%，b 市获得 47.5%。合资公司采用市场化融资方式筹措开发资金。开发公司收入来源包括：①b 市返还 70% 的土地出让金。以 2012 年开发公司完成的 135 亩土地一级开发计算，a 开发区支出土地开发成本为 3296.60 万元，b 市政府向其返还 3674.74 万元土地出让金，开发毛利润率达 11.47%（注：传统开发区通过开发公司建设基础设施时，毛利润一般为开发成本上浮 3% ~ 5%）。[③] ②参与分成共建园新增增值税、企业所得税 b 市留存部分，分成将以奖励形式返还开发公司（具体分成比例数据未获得）。③所承建厂房和办公楼的销售收入和租赁收入。

---

① 2009 年 12 月合作启动当日新华社专题报道。

② 访谈对象：长三角 A 省 a 开发区某副职领导及某部门经理等，共 4 位。访谈时间：2012 年 11 月 6 日。

③ 土地开发成本包括土地取得成本（征地费）、项目用地成本（耕地占用税、耕地开垦费、青苗补偿费等）、前期开发成本（前期配套工程施工成本）以及融资成本（主要是贷款利息），简称"基础设施建设成本"。参见 A 省 a 开发区 2013 年融资时公开发布的财务数据。

④园区服务收入，例如提供现代服务业收入、物业管理收入和其他业务收入（如代理进出口业务等）。

b 市方面，除获得开发公司的 47.5% 赢利，另获得 30% 的土地出让金和部分地税收入分成。共建园经济增长绩效计入 b 市。

综合以上数据，在表 3-7 中汇总统计双方的直接成本收益情况。

表 3-7　A省a开发区和B省b市的职责分配和收益分享（2009~2012年）

	A省a开发区	B省b市（b市经济开发区执行）
职责分配	全面负责园区开发（一级开发，二级开发），派出管理人员承担相应职责	提供土地，负责征地拆迁，提供公共服务，并派出管理人员承担相应职责
	0.95亿元股本投入，约定每年追加投5000万元	1.05亿元股本投入，约定每年追加投5000万
收益分享	合资开发公司赢利后，获得52.5%的分红（公司收入来源为70%的土地出让金、新增增值税、企业所得税b市留存部分分成，厂房和办公楼销售及租售收入，园区服务运营收入；公司支出为以上项目的成本）	合资开发公司赢利后，获得47.5%的分红；30%的土地出让金；新增增值税、企业所得税b市留存部分分成；共建园经济增长绩效计入b市

资料来源：①访谈对象为长三角A省a开发区某副职领导及某部门经理等，共4位，访谈时间为2012年11月6日；②a开发区开发公司2013年融资时公开发布的财务数据。

依托共建园这一合作平台，原本b市独自拥有的园区土地控制权、园区发展收益权，由b市和a开发区跨省进行共享。2013年开始，双方进行合作模式调整，第四章案例分析中将详细介绍调整过程。

三　近邻联动遇冷：A省q商务区与C省d商务区的竞争案例

（一）双方概况

成立于2009年的q商务区，是A省重点发展区域，规划面积86.6平方公里，依托长三角某著名交通枢纽而建。重点发展总部经济、贸易、商务办公等产业，以发展会议、展览等为功能业态，以商业、酒店、文化和娱乐为配套业态；商务区管委会为省政府派出机构，由省长担任管委会主任、建设总指挥。[①]

C省d商务区所在的c市（县级市），在全国百强县中名列前茅，地处A省和C省交界处。规划面积50平方公里，距离A省中心区约25公里。2005年8月成立，2006年8月由C省批准为省级开发区。商务区规划打造总部经济、服务外包、商贸服务和物流展示四大产业集群。[②] 商务区管委会为市政府派出机构，党工委书记由市委书记担任，管委会主任为市委常委；与所在的d镇"区政合一"，原有的乡镇行政管理班子负责商务城的社会事务（社会事务局）。[③]

（二）资源约束：各自获得优先供地，同质渴求高端服务业

随着资源环境约束日趋严峻，促进产业转移升级成为A省的工作重点。q商务区作为本省布局产业转型的核心区域，也是商务部与A省合建会展中心的选址地点。在一开始的产业定位上，A省就希望q商务区可以依托大型综合交通枢纽，助推金融、贸易、航运等重点产业发展及产业升级，带动周边发展相对较为滞后的省内其他地区发展，成为新兴经济增长极。[④] 因此，q商务区的招商引资目标集中于大型企业总部、贸易公司、会展公司等现代服务业企业。

> 在交通枢纽上，（我们想）把贸易中心搞起来，初衷是想通过这个点带动××和××（周边两个区县）……招标主要是想吸引总部过来，主要是我们招的企业都是全国有带动力有影响的，小的我们就挡在外边了。[⑤]

---

① 《A省q商务区开发建设白皮书》，2013，第2、15页。

② d商务区网站。

③ 访谈对象：长三角C省d商务区管委会某部门领导及工作人员，共4位。访谈时间：2012年3月5日。

④ 访谈对象：上海市社会科学院研究人员，共3位。访谈时间：2012年6月30日。

⑤ 访谈对象：长三角A省q商务区管委会某部门领导及研究人员，共2位。访谈时间：2012年11月5日。

因此，q 商务区获得 A 省优先用地保障。86.6 平方公里规划面积，跨省内四个行政区划。为便利商务区发展，由省长担任管委会主任、建设总指挥，由省政府办公会协调园区建设事宜。从 2009 年成立以来，q 商务区重点开发 4.7 平方公里的核心区，约占其规划面积的 5%，而管委会预计做好核心区就需要 15～20 年的发展时间。[①]

与 q 商务区类似，d 商务区也被省政府和市政府寄予厚望，作为推动服务业发展的重要区域。成立伊始，d 商务区就得到省里高度重视，省政府希望 d 商务区依托 c 市雄厚的制造业基础，推动生产性服务业发展，试点全省产业转型升级。2005 年将其列入省"十一五"规划重点服务业发展项目，2006 年批准其为省级开发区。为支持 d 商务区发展，省财政对其上缴税金进行全额返还。[②]

d 商务区所在的 c 市，从 20 世纪 90 年代初开发开始，就利用邻近 A 省的地理优势，以吸引电子信息加工制造业、代工产业起家，形成以外向型经济为重点的经济特色。然而，经过 20 多年发展，c 市的可建设用地严重不足，探索产业转型成为其应对策略之一。它希望以发展服务业融入 A 省经济，继续承接其产业外溢。d 商务区，凭借与 A 省接壤的优势地位，成为 c 市探索产业转型升级的试点与抓手。

> c 市必须依靠 IT 产业，这个产业越来越简单，我们现在搞得差不多了，肯定需要产业提升……我们在思考，c 市不能一直加工制造、代工。商务区是一个简单的尝试，希望可以建没有工业的开发区。我们国家的开发区，是工业企业集聚区，d 商务区要做生产性服务业的开发区，发展现代物流、服务外包、金融等四大板块。[③]

---

① 访谈对象：长三角 A 省 q 商务区管委会某部门领导及研究人员，共 2 位。访谈时间：2012 年 11 月 5 日。
② 访谈对象：长三角 C 省 d 商务区管委会某主要领导及某部门主任等，共 3 位。访谈时间：2012 年 11 月 14 日。
③ 访谈对象：长三角 C 省 d 商务区管委会某主要领导及某部门主任等，共 3 位。访谈时间：2012 年 11 月 14 日。

　　因此，对 d 商务区的开发建设，c 市可谓"举全市之力"。土地资源配置上，优先保障其建设用地指标，在土地资源不足时，协调附近乡镇供给 2.3 平方公里土地；领导配置上，党工委书记由市委书记担任，管委会主任为市委常委；考核指标上，并不像其他区一样考核工业生产总值、税收等，而是重点考核服务业增加值。因此，对 d 商务区来说，"专心致志"推动服务业发展是头等大事。行政权限配置上，由于 c 市本身行政级别只是县级市，d 商务区仍是一个镇级单位，然而由于市里高度重视，每年都专门分析可能为 d 商务区造成阻碍的制度性因素，在县的权限范围内全力解决，竭力保障 d 商务区发展。财力保障上，超出基期年基数的税收新增部分，省政府向 d 商务区进行全额返还，市政府只分 20%（其他乡镇 40%），并允许土地出让金的 90% 留存园区（其他乡镇 80%），这成为 d 商务区建设资金的主要来源。

　　　　前几个爆发式的开发，主要还是靠土地出让，每年 7 亿～10 亿元。我们五年累计投了 300 多个亿。资金来源，除了土地出让金、财政等，政府投入占一半，我们还有自己的经营公司，我们投入的主要是基础设施，价值 100 多个亿。①

　　尽管 A 省和 c 市都面临土地约束，但发展现代服务业是两地调整产业结构的方向所在。土地供给上，两个商务区都获得所在地政府大力支持，进行大面积规划保证充裕供地。也都处于发展建设阶段，迫切需要开展招商引资。

（三）资源互竞：d 商务区先发优势，q 商务区高起点紧追

　　两个商务区都定位发展总部经济、商贸服务等，打造现代服务

---

① 访谈对象：长三角 C 省 d 商务区管委会某主要领导助理及某部门主任，共 2 位。访谈时间：2012 年 7 月 3 日。

业聚集区，并且都希望可以服务长三角制造业，显然，双方对产业资本有着同质性需求，形成资源互竞格局。q 商务区由 A 省设立、获得部委支持，发展起点高，但 d 商务区的竞争力也并不弱。

第一，d 商务区起步早。2005 年设立，早于 2009 年才开始建设的 q 商务区，得到省政府大力支持，发展已初具规模，有先发优势。2011 年初，时任省委书记在视察 d 商务区时评价说："（d 商务区）现在开始出了模样，甚至可以说是出了一个模式。"①

第二，d 商务区有坚实产业支撑。c 市是长三角制造业重镇，吸引了来自全球 55 个国家和地区的投资者，28 家世界五百强企业，外资项目超 5000 个，民营企业约 18000 家。雄厚的制造业基础，为发展生产性服务业的 d 商务区提供稳定支撑。

第三，d 商务区有成本优势。商务区官网显示，投资者在 c 市租赁标准办公楼参考价格为每平方米每月 36 元，出售参考价格为每平方米 10000 元。此价格以绝对优势低于 A 省（见表 3 - 8），而且 A 省的住宿成本、交通成本和拥堵成本明显高于 c 市。在成本方面 A 省 q 商务区也受到挑战。据 d 商务区领导介绍，他们的招商口号是"A 省一间房，d 区一套房""A 省租一平方米房，d 区造一平方米房"。②

表 3 - 8　A 省与 c 市的商务成本比较

地区	办公楼		公寓	
	购买成本（元/ m²）	租金成本 [元/（m²·d）]	购买成本（元/ m²）	租金成本（元/月）
c 市	10000	1.2	8000	2000
A 省	45000	6.5	35000	5000

资料来源：c 市 d 商务区网站。

① 访谈对象：长三角 C 省 d 商务区管委会某主要领导助理及某部门主任，共 2 位。访谈时间：2012 年 7 月 3 日。
② 访谈对象：长三角 C 省 d 商务区管委会某主要领导助理及某部门主任，共 2 位。访谈时间：2012 年 7 月 3 日。

（四）收益预期：d 商务区希望借势发展，q 商务区认为无利可图

c 市的制造业发展起步就借助邻近 A 省的地理优势，发展服务业也同样定位依靠 A 省。从 d 商务区的角度，审视其行政级别和可调动的资源，尽管 q 商务区的设立对其形成威胁，但 d 商务区并未将其作为竞争对手，而是将其视为新发展机遇，希望借势融入 A 省经济。

> q 商务区的发展 A 省是倾力而为，未来一定是功能强大的服务业聚集区，对我们市会产生很大的辐射作用，所以融入 A 省这条路要坚定不移地走下去。我们这边，很少提跟 A 省竞争。竞争实际上是存在的，它的 q 商务区做好了，绝对有影响。我们自己把自己作为 A 省的一个镇来发展，争取做它的第十个商务镇……（它）想把我们挤掉是很容易的，我们再使劲，跟 A 省竞争是一点意义也没有。我们现在只是早两年，有先发优势，金融外包，有一定影响。①

于是，d 商务区多次向 q 商务区伸出橄榄枝，希望与其合作，形成近邻联动之势，在功能上对 q 商务区的商贸服务业进行补充，借助 q 商务区发挥自身优势。

然而，在 q 商务区看来，自身仍处在大规模投资建设阶段，产业发展任务艰巨，并不能从合作中获益。调研中，q 商务某领导坦言：

> d 商务区来找我们，希望近邻联动，我们认为他们就是一个镇，而且相互之间经济联动少。如果跟他们联动，那周边的镇呢？我们目前还没有感到他们对我们有什么价值。②

---

① 访谈对象：长三角 C 省 d 商务区管委会某主要领导及某部门主任等，共 3 位。访谈时间：2012 年 11 月 14 日。
② 访谈对象：长三角 A 省 q 商务区管委会某部门领导及研究人员，共 2 位。访谈时间：2012 年 11 月 5 日。

（五）案例结果：q 商务区有意防范，d 商务区错位竞争

最终，两个园区间近邻联动合作局面没有形成。与多年前 A 省布局通过降低成本与 C 省南部地区进行招商引资竞争类似，据调研，A 省内部曾提出"吞掉 d 区，保留 c 市"的说法。[①] 之所以"吞掉 d 区"，是因为 q 商务区与 d 商务区有产业竞争，需小心防范；而之所以提"保留 c 市"，则是看中其制造业基础。q 商务区设立本身就是面向长三角，特别是发展生产性服务业，服务 C 省南部地区的雄厚制造业。[②]

尽管 d 商务区意识到 q 商务区无意合作，但仍然积极争取，努力对接、融入 A 省。在 c 市领导争取和 C 省省政府支持下，由 c 市出资，A 省某条轨道交通线最终接入 d 商务区，为 d 商务区融入 A 省经济提供便利。d 商务区定位于做其卫星城，并利用商务成本低、地理邻近优势为其做产业配套，从而与 q 商务区展开错位竞争。

> 不管 q 商务区愿不愿意，我们都愿意接，而且我们什么地方都可接。50 万平方米的会展中心，我们已经有 17 万平方米了。我们向他们说，我们这个就做 q 商务区的分中心好不好？我们建设早，已经有很多东西有了贴附的能力。他们除了枢纽，还没什么能力。如会展我们已经做了很多次了。[③]

从企业角度，行政区划边界分割并不能阻隔跨域生产布局，例如，A 省金融集聚区的许多银行，为应对过高的商务成本，将呼叫

---

① 访谈对象：上海市社会科学院研究人员，共 4 位。访谈时间：2012 年 6 月 29 日。
② 访谈对象：长三角 A 省 q 商务区管委会某部门领导及研究人员，共 2 位。访谈时间：2012 年 11 月 5 日。
③ 访谈对象：长三角 C 省 d 商务区管委会某主要领导及某部门主任等，共 3 位。访谈时间：2012 年 11 月 14 日。

中心、信用卡账单中心等放在 d 商务区。q 商务区举办会展活动时，大量 d 商务区酒店为参展企业提供住宿服务。

调研中，d 商务区某领导坦言：

> 这就是我们的机遇，你搞你的跨国公司，我搞我的中小企业总部。经济领域也有生物链，你去搞 500 强，我搞 5000 强。正好是互补，说不定我们就搞出几个 500 强。c 市刚开始也有几百万美元的企业，后来搞大了。2010 年、2011 年、2012 年 c 市的电机电子博览会，参展的有很多企业，都在这儿。我们要打造区域市场企业总部，搞金融服务外包、物流展示；打造电商集散地……我们这边是灰领，A 省是白领、金领，再西边是蓝领。金融机构，他们是前台，我们是后台。这样有梯度承接，更有利于我们发展。①

四　案例对比分析

对比前，首先梳理案例内逻辑。案例一中，a 开发区迫切需要突破土地资源约束、对外拓展发展空间，而 b 市产业投资密度低、工业土地价格低，希望承接 A 省产业转移。双方对合作形成较高收益预期：a 开发区期待异地生财，b 市寻求招商名片。最终，相距 132 公里的双方展开跨省合作，坐落于 b 市的 15 平方公里土地，本应由 b 市主导进行开发、享有开发收益，却通过共建园将园区土地的控制权部分跨省让渡给来自 A 省的 a 开发区，由其主导开发并共享开发收益。合作让双方都获得利益增进。

而案例二中，q 商务区和 d 商务区，分别是 A 省与 C 省定位转型升级的重点区域，获得优先供地权，发展高端服务业、打造服务

---

① 访谈对象：长三角 C 省 d 商务区管委会某主要领导及某部门主任等，共 3 位。访谈时间：2012 年 11 月 14 日。

业集群。尽管 d 商务区一直争取与 q 商务区合作，但是后者仍处在大规模招商阶段，认为合作收益有限。最终，跨域合作没有实现。对比情况见表 3-9。

表 3-9　案例比较分析

变量	案例一：合作	案例二：竞争
发达方资源约束	土地资源约束。建设用地不足，市内拓展受限	（服务业）产业资本短缺
欠发达方资源约束	产业资本短缺，产业投资密度低	（服务业）产业资本短缺
资源互补/互竞	资源互补	资源互竞
对合作的收益预期	双方都认为合作可以为其带来经济收益	欠发达方认为合作可以为其带来收益，发达方认为无利可图
两地（园）关系	合作。共建产业园，对土地控制权及利益进行调整	竞争。发达方进行防范，欠发达方寻求错位竞争，不涉及土地控制权调整

从资源约束维度看，案例一中，发达方面临土地资源约束，需转出低端制造业，而欠发达方则产业资本短缺，愿意进行产业承接，双方面临异质化资源约束；而案例二中，双方产业定位相似，都获得所在城市优先供地，都希望吸引高端服务业，面临同质化资本约束。

从资源互补维度看，案例一中，双方对资本和土地的异质化需求，使两地形成资源互补；而案例二中，同质化的产业资本需求，导致两地形成资源互竞关系。

对比合作的收益预期，案例一中，双方都认为自己能从合作中受益；而案例二中，尽管欠发达方态度积极，但发达方认为合作无益，需小心防范。

总结来看，尽管两个案例涉及产业类别不同，但欠发达地区都希望可以通过与发达地区合作提高发展绩效。可见，合作能否达成主要取决于发达地区的态度，由此证明：

H1：发达地区在区域合作中处于主导地位。

通过对比发现，对发达地区来说，面临土地资源约束，是发达方对合作形成收益预期的关键所在。由此证明：

H2：发达地区面临的土地资源约束越强，对区域合作的收益预期则越高，越有利于区域合作发生。

跳出园区尺度，从整个 A 省看，a 开发区和 q 商务区反映出其应对土地资源约束、提高土地利用效率的两种不同策略，即转出低端制造业，发展高端服务业。可见，发达地区参与合作的主要目标，就是推动低端产业转移。

因此，两个案例共同显示：发达地区参与区域合作的收益预期是，通过与欠发达地区的合作推动产业转移，提高本辖区的土地利用效率。

第五节　小结：土地资源约束触发跨域产权共享

我国现有央地关系格局形塑而成的经济增长市场，作为区域关系演变的基本制度环境，决定地方政府是追求经济增长最大化、财政收益最大化的理性个体。在这一制度环境中，横向地方政府间并不必然会竞争，当出现土地资源约束时，相互合作也成为其实现利益最大化的备选路径。在行政区划分割的制度安排下，地方政府就其辖区而言，是产权所有者；当跨越行政区划时，相互独立的地方政府将审时度势，选择与其他地区的关系策略——竞争或者合作，以最大限度推动经济增长。

本章结合对共建园的研究，首先展示基于区域合作的土地控制权及利益的跨域调整，从竞争转向合作即代表从产权独占走向产权共享。其次，分析触发合作的资源约束现状。最后，通过案例对比进行理论检验，证实从竞争向合作转化过程中发达地区的主导性作用。

总结出区域合作的激励机制为：经济发达地区面临土地资源约束增强，使其与欠发达地区间形成资源互补关系，引发地方政府间对通过合作提高土地利用效率、扩大财政收入的收益预期。在收益预期驱动下，两地政府从独立拥有辖区土地资源控制权的产权独占转向合作开发土地资源、跨域共享发展收益的产权共享。在此过程中，发达地区对区域合作产生收益预期，是合作产生的关键所在。

这一机制发生作用的具体过程如图 3-8 所示。

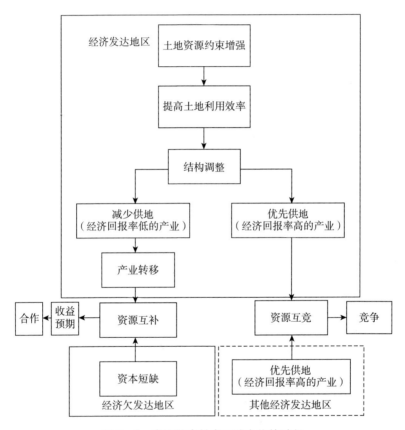

图 3-8　资源约束触发区域合作的过程

从理论上看，在横向政府间从竞争转向合作的过程中，政府与市场产生一种柔性互动关系。地方政府在推动经济增长时，一方面需要回应企业生产布局需求，调整行动策略，避免利益损失；另一方面，又并非单纯是市场力量的被动适应者，而是扮演主动引导者，引导企业进行定向产业转移，提高辖区经济增长效率。

第四章　跨域共享发展何以实现：
区域合作的模式选择

根据第二章从新制度经济学理论视角出发进行的概念辨析，区域合作模式代表地方政府间进行产权调整的多样化制度安排。本章将继续结合共建园，根据两地间调整土地控制权及其利益的不同方式，归纳出三种典型合作模式，分析决定合作模式选择的影响因素，并且通过对采用不同模式的三个共建园进行案例内分析及案例内对比，以验证关于模式选择的研究假设。

第一节　区域合作模式：跨域产权共享的制度安排

发达地区与欠发达地区以共建园为平台展开的区域合作中，原本由欠发达地区政府独享的共建园土地控制权，是双方进行产权调整的主要内容。根据两地政府从高到低共享土地控制权及相关收益的程度，合作模式可分为托管模式、招商模式和帮扶模式。

一　调整内容：共建园的土地控制权

无论是由当地政府独自设立、由其派出机构进行管理的开发区，还是由无行政隶属关系的横向政府间合作设立、双方共同组建管理机构、共派人员管理的共建园，都是在一定空间范围内、具备一定产业发展目标、享有某些特惠或特许政策、致力促进产业集聚的经济功能区。区别在于，在共建园这一平台中，土地产权由当地政府产权独占转变为两地政府产权共享。我国土地依法由国家所有，合作中实质调整的就是当地政府对共建园土地的使用权，而非所有权。

共建园土地从"原生土地"（"生地"）变为"可转让土地"（"熟地"），再到厂房或商住项目，会经历一个漫长而复杂的过程，且各阶段的职责和收益存在显著差异。因此，本书将隶属土地使用权及相关收益这个范畴的一系列"权利束"，统称为"土地控制权"。

而在整个"权利束"中，部分权利受到当前法律或操作便利性的限制，需要由当地政府享有。例如，只能由当地国土地管理部门进行土地有偿出让或转让来收回土地出让金，在地政府的行政审批权，以及动员、安抚、安置、补偿当地民众的征地拆迁工作等。

基于实地调研访谈，结合开发区土地开发规律（李志群、刘亚军、刘培强，2011：51~52），对共建园围绕土地控制权进行资本循环的过程进行整理，如图4-1所示。

与其他开发区类似，共建园开发一般包括一级开发和二级开发两阶段，以当地国土管理部门依法出让土地、获得土地出让金为界。土地经历"原生土地"→"可转让土地"→"产业载体（主要是厂房和办公楼）土地"和"商住用房土地"的属性变化。

（一）园区一级开发：负责基础设施建设，获得土地出让金及税收分成

双方分享的共建园一级开发权利，核心是基础设施建设。参考王兴平（2013：45~66）的研究及实地调研，并结合相关政策文件①，将一级开发界定为"生地"变"熟地"的过程，即对规划为可建设用地的"原生土地"，地方政府或其授权委托的企业通过依法收购、收回、征收等方式储备国有建设用地，并组织拆迁和基础

---

① 如《北京市土地储备和一级开发暂行办法》，2005。

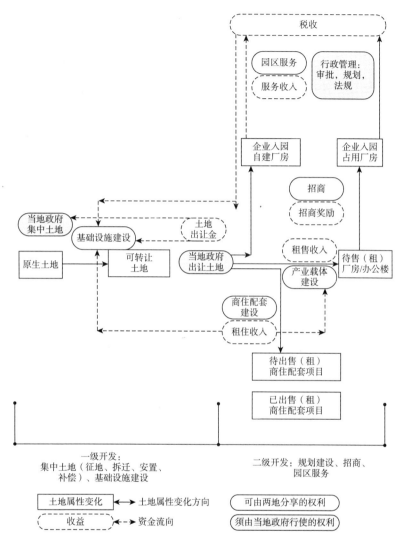

图 4-1 共建园的开发过程

设施建设，达到"三通一平"、"五通一平"或"七通一平"等建
设条件，变为"可转让土地"，再由当地土地管理部门进行有偿出
让或转让。由于征地拆迁涉及对当地居民的动员、补偿、房屋拆迁
和安置等，在传统开发区建设中，由当地政府指派开发区所在地政
府（如区或乡镇政府）完成，并在土地出让后以部分土地出让金进

行补偿；类似地，在共建园中，据调研，由于土地问题极易引发社会矛盾，而且不熟悉当地情况，异地政府（主要是异地政府派出执行合作的开发区管委会或开发公司）往往不愿意承担这项工作。因此，尽管一级开发内容丰富，但双方能够分享的权利主要是基础设施建设。

在基础设施建设环节，最大的压力来自建设资金不足，这对园区管理者的融资能力提出要求。为解决资金问题，我国开发区进行基础设施建设时一般采用"借贷→开发→再借贷→再开发"的滚动开发模式，由管委会成立园区开发公司进行融资和建设。先进行一部分园区土地的基础设施建设，待土地管理部门有偿出让给生产企业或房地产开发商后，利用土地出让收入和部分税收收入，再投入新地块开发，实现滚动发展（李志群、刘亚军、刘培强，2011：52）。共建园亦如此。

从成本看，需支付土地取得成本（征地费）、项目用地成本（耕地占用税、耕地开垦费、青苗补偿费等）、前期开发成本（前期配套工程施工成本）以及融资成本（主要是贷款利息），简称"基础设施建设成本"，各地区依建设标准不同而异。

由于基础设施建设水平是企业进行投资选址时的重要考量（魏后凯，2002：127～128），地方政府的招商引资竞争直接推动各地加大基础设施建设投资力度（张军等，2007）。为吸引企业入驻，当地政府进行高标准建设，"三通一平"、"五通一平"、"七通一平"和"九通一平"代表不同建设水平（见表4－1）。

从收益看，一级开发收入主要来源于土地出让金和未来税收收入，以土地出让金为主。由发达地区或欠发达地区组建开发公司以BT方式进行基础设施建设，当地政府在进行土地有偿出让后按市场价格评估并偿付开发公司。我国一般开发区，进行基础设施代建的利润率一般为3%～5%；由于园区基础设施建设投入的资金量巨大，动辄上亿元，甚至数十亿、数百亿元，这样的利润率下，承担基础设施代建的收益相当可观。[①] 此外,欠发达地区为激励发达方积极参与,会提高土地出金分成比例或允诺园区未来税收分成,以提高发达方的收益。例如,第三章案例一中,来自发达地区的开发区通过运作开发公司,将分享共建园所在地 70% 的土地出让金和部分地税分成。

表 4-1 共建园土地一级开发中的基础设施建设水平

建设水平	具体内涵	共建园举例
三通一平	通电、通路、通水,土地平整	
五通一平	通电、通路、通水、通信、排污,土地平整	庄力飞地经济园区
七通一平	通电、通路、通水、通信、排水、排污、有线电视,土地平整	常熟泗洪工业园区
九通一平	通路、通水、排水、排污、通电、通气、通信、供热、有线电视,土地平整,简称"三水"(自来水、排雨水、排污水)、"四电"(强电、弱电、热电、电视)、"一路"、"一气"	苏滁现代产业园 苏通科技产业园

资料来源:不同建设水平的内涵参考王兴平(2013)的研究,共建园分类主要依据相关共建园及地方政府公开信息。

(二)园区二级开发:核心为招商,获得税收分成、奖励及开发运营等收入

二级开发主要包括规划建设、招商、园区服务等。以招商为核心,即与企业建立联系、吸引企业入驻园区,这对任何开发区来说,都是关键职能。但是,招商工作并不能独立存在,需要其他项目的支撑。

1. 规划建设

规划建设指在园区"熟地"上进行工业厂房、科研办公楼、物流仓储等产业载体及商住项目的规划建设,也包括对这些物业的运

[①] 访谈对象:长三角 A 省 a 开发区某副职领导及某部门经理等,共 4 位。访谈时间:2012 年 11 月 6 日。

营。园区"熟地"可能由入园企业支付土地出让金后自行建设，也可能由园区统一组织开发公司建设，之后出售获得销售收入或租给企业获取租金。

为招商引资，越来越多开发区采用统一建设方式，甚至可能向企业无偿提供厂房、办公楼等。开发区发展初期，产业载体开发可获收益较低，需用土地出让金及商住配套开发项目收入进行平衡，否则建设资金难以持续。共建园也是如此，许多共建园成立初期都采取这种方式。[①] 据调研，上海浦东软件园和江苏昆山进行园区建设时，昆山为促成合作，允许其开发阳澄湖附近的别墅区（这是当时房价最高的地段），之后再开始园区办公楼建设；而上海市北开发区在与江苏南通的合作中，也同样获得商住项目开发权。为简化分析，本书将共建园的商住项目和产业载体建设统一考虑。

上海市开发区协会某领导受访时介绍：

> 开发区不能只是搞工业开发，一定要与商业开发一起，要用商业开发带动工业开发。工业开发是不赚钱的，但商业开发也是围绕工业开发来的，一定要滚动开发。当地政府要允许这样，这个才能进行得下去。包括居住、商业。[②]

当园区发展成熟后，厂房和办公楼的租售收益非常可观。由于直接获得共建园财务数据比较困难，且本研究的主体部分展开时许

---

① 据调研，也有一些共建园是建立在当地开发区境内的"园中园"项目，由于原有开发区空间限制或初始土地规划限制，异地合作方在进行产业载体建设时并未承担商住项目，但当地政府往往会采用其他方式进行利益平衡，如 2009 年以前向异地政府出售建设用地指标（2009 年中央叫停了土地发展权交易），参见张蔚文、李学文（2011a）；或者直接进行土地出让金或税收返还；或者便利其依靠租金和物业服务平衡支出。总之，承担产业载体建设时，异地政府会得到一定利益补偿，或是以商住项目，或其他方式，为简化分析，本书将二级开发中的建设项目作为一个整体来考虑。

② 访谈对象：上海市开发区协会某处处长等，共 3 位。访谈时间：2012 年 11 月 6 日。

多共建园仍处于发展初期，本书选择上海漕河泾开发区本部园区的数据来体现收益规模（见表4-2）。数据显示，在成熟园区，这一板块的收益为总利润的85%以上。

表4-2　上海漕河泾开发区厂房及办公楼租售收益及占园区毛利润比（2010～2012年）

单位：万元，%

收益类型	2010年		2011年		2012年	
	金额	占比	金额	占比	金额	占比
厂房和办公楼销售	44401	47	93300	67	36534	35
厂房和办公楼出租	38139	40	34985	25	54215	52
总计	82540	87	128285	92	90749	87

资料来源：《上海市漕河泾新兴技术开发区发展总公司2013年度第一期短期融资券募集说明书》。

2. 招商

招商，即与企业建立联系、吸引企业入驻。从成本看，承担招商工作需要组织专业招商团队、支付招商费用；从收益看，当地政府会向引进项目的个人或单位提供招商奖励，奖励标准各地不同，一般为企业到位投资资金的5‰～8‰，或者分成园区地税收入。[①]表4-3展示凤阳和宁国合作共建园的招商奖励。

表4-3　安徽凤阳·宁国现代产业园招商奖励办法

类型	项目投资金额	奖励金额
信息提供奖（经确认提供的招商项目信息真实有效，促进项目跟踪、对接洽谈等）	5000万～1亿元	1000元
	1亿～5亿元	2000元
	5亿～10亿元	3000元
	10亿～20亿元	4000元
	投资20亿元以上	5000元

① 访谈对象：长三角A省j工业区管委会某副职领导等，共4位。访谈时间：2012年11月6日。

类型	项目投资金额	奖励金额
项目引荐奖（成功引进项目落户）	成功引荐固定资产投资 2000 万元以上单个项目，在项目建成投产后，按固定资产投资额的 2‰给予引荐人一次性奖励，最高奖励额度为 50 万元	
特别贡献奖（引进世界 500 强、国内 100 强、中央企业或行业 10 强企业等）	"一事一议"，可给予招商站点或项目直接引荐人 5 万元的特殊贡献奖	

资料来源：2012 年《安徽凤阳·宁国现代产业园招商联络站、信息站奖励办法》。

3. 园区服务

为保障园区企业正常生产经营，园区主要向企业提供四类服务。一是基础政务服务，包括协助入园企业进行工商注册、协助园区进行进出口贸易及通关手续办理、协助企业获得行政审批等。二是产业发展服务，实现园区产业资源聚集和提供专业产业服务，如针对产业特性提供定制性服务。三是中介服务，包括协助企业申请政府资助基金、申请相关资质（如新技术申报）等咨询服务，由于地区对企业的扶持政策众多，需有专业人士帮助企业针对性选择更加适合的政策并协助申请，此外还包括提供融资、培训、网络通信、人力资源、法律咨询等服务。四是公共事业经营和商业服务，包括经营变电业务、污水处理、公交等公共事业，以及提供物业服务等商业服务，这是园区服务的主要盈利点。①

从收益上看，前两类服务更加关注园区投资环境的打造，立足于长远利益，不是园区的主要盈利点，但是企业投资选址时比较看重的方面。调研资料证实了园区服务对吸引企业的重要意义，据长三角 A 省 j 工业区领导介绍：

> 有个做医疗的，在我这儿干得不好，去苏北××市，得到很高的待遇，常务副市长接待，但那边的服务跟不上，带的五

---

① 访谈对象：长三角 A 省 a 开发区某副职领导及某部门经理等，共 4 位。访谈时间：2012 年 11 月 6 日。

六人团队待不下去。人员不愿意去，否则辞职，人才的沟通交流等一系列配套等跟不上。后来又回来了。[1]

中介服务和商业服务等可以获得直接经济收益。此处继续选择漕河泾开发区的数据来体现园区成熟后这项收益的规模（见表4-4）。

表4-4 上海漕河泾开发区服务收益及占园区毛利润比（2010~2012年）

单位：万元，%

服务类型	2010年		2011年		2012年	
	金额	占比	金额	占比	金额	占比
商业服务	2633	3	963	1	2456	2
中介服务	6039	6	4868	3	8466	9
总计	8672	9	5831	4	10922	11

资料来源：《上海市漕河泾新兴技术开发区发展总公司2013年度第一期短期融资券募集说明书》。

二 权力分配和利益共享的相对一致

权力与利益是一体两面，权力划分的同时伴随利益分配。改革开放的过程中就体现了中央向地方"放权让利"、调动其发展积极性的探索（杨雪冬，2011）。

横向地方政府间分权，由于没有正式法律和制度安排，更多依靠各地方政府协商决定，参考央地分权的相关研究，这种形式也可被看作横向的无行政隶属关系的地方政府间进行权利让渡的过程。区域合作中，相对央地分权，地方政府对权利分配有更大程度自主选择和动态调适空间。

利益分配机制是区域合作研究中的核心问题。常被批评的是，

---

[1] 访谈对象：长三角A省j工业区管委会某副职领导及某部门经理等，共4位。访谈时间：2012年11月6日。

统一制度和法律保障缺乏、技术水平不同和纵向利益补偿机制缺乏（陈彬，2013：18～19），阻碍两地政府进行更合理的权力和利益分配，如经济绩效的异地统计（GDP和税收不能统计到异地政府）。

但是，在双方可以跨域共享的有限土地控制权范围内，两者相对一致。当利益分配不适应权力划分时，地方政府会自主调节利益分配或改变现有分工格局，而双方无法协调一致，或因制度阻碍及技术无法调节时，利益受损方会采取不合作策略。

同时，共建园涉及土地开发和运营服务时普遍采用的是开发公司模式，为便于利益分享，常用做法是将土地出让金分成与税收分成通过奖励形式，转移给发达地区派出或控股的开发公司，避免两地政府间直接财政转移。

表4-5显示两地政府基于共建园土地控制权分配的一般性权利分配，可见发达方可获收益与其所获职责分配相互对应，体现多劳多得。

表4-5　两地政府基于共建园土地控制权的权利分配

阶段	职责	具体内容	发达地区承担该职责时的可获收益	
			直接收益	间接收益
一级开发	基础设施建设	"三通一平"、"五通一平""七通一平"或"九通一平"等，"生地"变"熟地"（承担建设成本）	参与土地出让金分成，税收分成	
二级开发	规划建设	工业厂房、科研办公楼、物流仓储等产业载体及商住配套的规划建设（承担建设成本）	物业出售、出租收入，商业开发收入	引导产业转移，促进辖区产业结构调整
	招商	吸引企业入驻（承担招商成本）	招商奖励，税收分成	
	园区服务	基础政务服务、中介服务、产业发展服务、商业服务（承担人力资源成本）	提供服务获得收入	

三　区域合作模式分类：托管模式、招商模式与帮扶模式

根据开发区成长特点，共建园建立初期处在大规模建设和招商阶段，主要收入是土地出让金。由于园区为吸引企业往往会提供税收优惠政策，税收收入并不稳定。后期随着开发土地不断成熟、逐渐符合出让条件，新增厂房和房地产租售收入将会增加，其他资产运营业务收入、园区服务收入和税收分成收入等才会稳定。因此，对土地出让金的分享，成为两方政府的争夺焦点，也使一级开发和二级开发在权力分配和利益分享内涵上有明显区别，简言之，一级开发投资巨大，但收益也远高于二级开发。

综合考虑权力（职责）划分与利益分配的一体两面，讨论合作模式时，本书统一采用"权利分配"表述。现实中，两地可能采取不同合作模式，但核心都是两方的权力和利益分配，而且都围绕园区一级开发与二级开发进行。因此，结合两个阶段在权利分配内涵上的鲜明区别，本书按两地政府从高到低共享土地控制权及相应收益的程度，将合作模式分为三种：托管模式、招商模式与帮扶模式。

图 4 - 2 中是根据两地权利共享程度从高到低进行的模式分类，显示为欠发达地区向发达地区进行土地控制权转移的连续谱，从浅层合作向深入合作推进。最左边共建园没有建立，现实表现为两地竞争、没有并流或只进行简单互访，为简化讨论，本书直接以"不合作"替代。最右边则可能出现土地的市场化交易，发达地区直接获得土地开发使用权及行政管理权（罗小龙、沈建法，2006），或者由上级政府将土地部分或全部，以及相应土地范围内地方政府拥有的行政权、财政权、人事权和发展权等都划分给发达地区，以"土地市场交易或行政区划调整"简要替代。

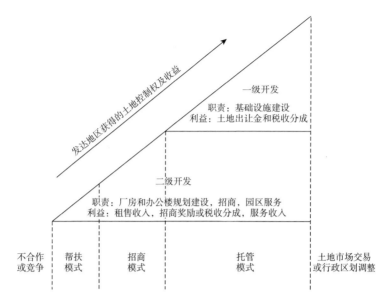

图 4－2　区域合作模式：横向政府间基于土地控制权的权利分配

（一）托管模式：发达地区获得一级开发与二级开发权利

托管模式中发达地区派出的合作执行者，负责全部一级开发和二级开发。具体表现为，当地政府在本地区已有开发区中设立园中园或者重新成立一个独立园区，异地政府主导组建园区开发团队，全权负责园区开发。如果两地共同派人成立管委会，为便于共建园开发，当地政府会向共建园管委会进行部分行政审批权的授权，或直接派驻行政审批职能部门进入园区。

利益分配上，发达方在一定年限内（5～10 年）获得园区开发的绝大部分收益，包括参与土地出让金分成、税收分成、园区产业载体及商业配套建设及运营收入，园区服务收入等。期满后双方再按一定比例进行分配。

据调研，由于园区建设初期资金紧张，有些共建园双方约定前期若干年限内不从园区提取收益，利润留存园内滚动发展，应获分成作为双方各自追加的股本投资，在园区产生赢利后再行分配。

托管模式中，发达地区可以较强地控制共建园产业发展方向，保证共建园与本部园区的产业协调性，便于产业转移。由于同时负责园区一级开发和二级开发，也可获得较充足资金支持（最主要的是土地出让金），较好地支持后续产业载体开发。由于负责一级开发还可分享税收，这也为发达地区更好地开发园区提供激励。总之，全面、长期负责园区开发，使发达地区对合作可能带来的收益形成稳定预期，更愿意投入辖区优势资源来开发共建园。

（二）招商模式：发达地区获得全部或部分二级开发权利

招商模式中发达地区地方政府派出的合作执行者承担二级开发。二级开发涉及规划建设、招商和园区服务等多项职责。由于这些职责都围绕共建园招商引资这一核心功能，因此统一划入招商模式。

具体表现为，当地政府在本地已有开发区中成立"园中园"，或重新成立一个独立园区，异地政府负责承担二级开发全部或部分工作，利益分配上获得承担相应职能的对应收益。

例如上海杨浦区和盐城大丰区的合作由杨浦区负责引导企业，而由企业自己建设，两地共派职能部门人员组成园区管委会，统一负责园区的管理及服务（李荣，2009）；据调研，上海嘉定工业园和江苏建湖县进行园区共建时，由嘉定负责定向产业招商。

招商模式相比托管模式，发达地区对园区产业发展方向的控制相对较弱，当地政府会根据发展需要，请其进行定向招商，即"点菜式"招商，操作中存在较多的一事一议的情况；从利益来看，招商模式收入来源较有限且较分散，一般不分享土地出让金，由于园区为吸引企业入园会提供税收优惠政策，进行税收减免或奖励，短期内税收分成也难以直接获得。整体来看，招商模式中，发达地区承担的职责和获得的收益都少于托管模式，在开发积极性上，也低于托管模式，特别是在园区开发前期，欠发达地区政府须先进行利益让渡。例如，如果前期需要先进行厂房和办公楼等产业载体建设，没有一级开发获得的土地出让金支持的发达地区合作者往往财力不足，共建园所在地会允许其先在当地进行商业开发，商业开发获得收益后再进行工业开发。

（三）帮扶模式：发达地区极少获得园区开发权利

帮扶模式中发达地区不承担一级开发，基本不承担或只协助承担二级开发中的少量园区服务职责或协助招商。与招商模式的最主要区别是利益单向流动：发达地区一般不从共建园获得经济收益。也正因如此，发达方参与园区开发的积极性较低，更多表现出"象征性"合作特征。相比以上两种模式，帮扶模式中发达地区对共建园产业发展方向的影响微弱，最多只是零星介绍企业入园。

第二节　区域合作模式选择的影响因素

区域合作模式代表横向政府间为实现利益增进目标对权利分配进行的制度安排。基于共建园，不同合作模式显示出欠发达地区政府向发达地区政府让渡园区土地控制权及收益的不同方式。根据理论分析框架，合作模式选择将受到收益预期、交易成本以及制度推力三个变量的影响，本节将结合共建园分析各变量内涵。

一　收益预期

不同合作模式下，土地和资本两种要素整合时要求的权利分配安排不同。对共建园而言，双方获得利益增进的关键就是进行合理分工参与园区开发，以提升园区招商引资成效，即最大限度吸引产业转移中原本分散投资、随机布点的企业。收益预期的分析将从两方面展开：从利益创造角度，两地政府在园区开发中具有不同比较优势，需要进行合理权利分配，以最大限度"做大蛋糕"；从利益分配角度，足够的激励驱使下两地政府才会将优势资源投入园区开发，接受或选择某一权利分配安排。

（一）利益创造：两地政府在园区开发中的比较优势

1. 一级开发阶段

共建园一级开发所指的基础设施建设，涉及通水、排水、排污、通电、通气、通信、供热、有线电视、土地平整等多方面建设内容。承担这一职能，最大的压力来自建设资金不足，这对开发者的融资能力提出较高要求。由于发达地区地方政府往往拥有雄厚财政实力和融资能力，有利于共建园进行更高规格的基础建设建设。而欠发达地区地方政府，具有集中"生地"、出让"熟地"的法定权限，此外，与当地市政单位熟悉也有利于推动一级开发。

2. 二级开发阶段

规划建设上，发达地区地方政府在如何推动产业发展、促进园区产业集聚上积累了丰富经验，了解企业对厂房、办公楼、公共设施等的建设需求；项目引进上，发达地区地方政府具有包括管理经验、品牌优势、招商网络等的招商优势，与本辖区有产业转移或者生产扩张需求的企业有信任关系；园区服务上，可利用母园区服务体系提供优质的融资、培训等中介服务，专业的产业服务和便捷的商业服务等。

两个阶段中两地政府比较优势的对比简要呈现在表 4－6 中。可见，相比欠发达地区，发达地区地方政府在园区开发中的优势较为明显。为最大限度提升招商引资效果，应由欠发达方向发达方尽可能多让渡园区土地控制权，吸引其深层参与园区开发，而由欠发达地区保证土地供给，并利用其所拥有的行政职权及协调能力，为园区发展扫清制度性阻碍。

表 4－6　共建园开发中两地政府的比较优势

阶段	职责	比较优势	
		发达地区地方政府	欠发达地区地方政府
一级开发	基础设施建设	资金充足，融资能力强	拥有协调市政单位和土地出让的法定职权

阶段	职责	比较优势	
		发达地区地方政府	欠发达地区地方政府
二级开发	规划建设	资金充足，融资能力强，了解企业需求	
	招商	与企业有信任关系，招商网络发达，品牌优势明显	
	园区服务	在基础政务服务、中介服务、产业发展服务、商业服务等方面有经验	行政审批效率较高

（二）利益分配：两地政府对园区开发的收益预期

然而，权利分配意味着成本和收益的双重意涵。只有在足够高的收益预期驱使下，两地政府才会愿意付出相应的成本，将各自的优势资源投入园区开发中来，接受或选择由发达方更多承担园区治理的分配安排。

前文对共建园土地控制权的分析表明，发达地区地方政府参与跨域园区共建可获得的收益包括：一是间接收益，即对辖区产业结构调整的促进作用，这是发达方参与区域合作的最主要推动力；二是直接收益，即承担具体职责的收益。

如果以上收益不能保证发达地区地方政府收回生产成本并有可观收入，其将面临巨大财政风险和政治风险：①要实现通过产业转移推动辖区产业结构调整，支付成本更多表现为产业外移带来的财政收入损失，这就要求本辖区出现产业向外梯度转移的外溢需求，使产业结构调整带来的收益能够超过产业外移的损失。否则，可能造成辖区被欠发达方搭便车，或产业外移造成产业空心化。第三章中经济外溢需求通过发达方的土地资源约束增强来体现。②要获得园区开发直接收益亦是如此。无论是参与一级开发还是二级开发，在获得开发收益的同时，都要求相应生产成本支出，如基础设施建设成本、厂房和办公楼等产业载体建设成本，派出管理和招商团队的人力资源成本，以及开拓异地分园的其他机会成本。即使建设基础设施和产业载体动辄上亿元的资金，大部分来自银行贷款和债券发行，如果共建园发展不佳，将无法按预期收回成本。而土地出让金、税收分成和经营性收入等直接收益，也取决于共建园的发展绩效。这一绩效，最终还是取决于发达地区土地资源约束引起的产业溢出需求，以及地方政府的招商引资能力。

二　交易成本

交易成本代表双方进行谈判以订立合作契约，保持沟通以执行合作的成本。尽管合作能否发生主要取决于发达地区是否面临土地约束、地方政府是否对合作产生收益预期，然而，欠发达地区地方政府并非模式选择中的被动接受者。由于是共建园土地的提供者，是拥有法定土地出让权、行政审批权的在地政府，特别是发达方在当地进行基础设施、厂房建设等专有性投资后，欠发达地区地方政府在合作模式选择中将具有相当大的"议价权"。这就成为两地合作中交易成本的主要来源。结合已有研究，具体落实到共建园，交易成本产生于以下几个方面。

（一）任务的复杂性

权利分配越多，任务越复杂，交易成本越高。现有制度安排下，土地出让权、行政审批权等由当地政府法定行使，为跨域权利分配设置了制度性阻碍。在共建园开发中，共建园所在地政府需要向参与开发的异地政府让渡治理权利，尽管异地政府可能承担全部一级开发和二级开发，但在实际园区运行中，这些权利的顺利行使都有赖当地政府密切配合，使园区运营中经常出现需与当地政府一事一议的情况。合作时异地政府在当地行使其所分享的治理权利时面临制度性阻碍和困难，如行使一级开发权时，可能面临享有土地出让和税收征管权的当地政府不愿或延缓与异地政府进行收益分成的风险，招商引资和提供园区服务时也可能面临当地政府行使地、工商、税务等行政审批权时设置的制约（见表4-7）。

表4-7　现有制度下由当地政府行使的法定职权对可让渡权利的制约

可让渡权利	阻碍来源	交易成本的表现
一级开发 二级开发（产业载体建设）	协调各政府部门及市政公共设施企业的法定职权	异地合作方在协调当地土地、安监、环保等政府部门以及污水处理、水电燃气管网等市政公共设施企业时面临较大阻碍
一级开发	土地出让权	当地政府在土地出让后，可能拒绝或者延缓与异地合作方按合作协议分成土地出让金，增加了对方融资成本
一级开发 二级开发（招商引资）	税收征管权	当地政府在收取税收后，可能拒绝或延缓按合作协议与异地合作方进行地税分成
二级开发 （园区服务）	行政审批，行政事务	当地政府可能干扰园区经营

　　就一级开发和二级开发来说，前者本身意味着较高交易成本。一般来说，由于土地一级开发需要垫付的资金多、项目周期长、资金回笼慢，或者由于当年当地土地供应过多或房地产市场不景气，土地出让金不能按时回流，或当地政府不遵守约定进行按期回款，一级开发商的收回投资受到影响，由于开发资金主要来自银行借贷，这也意味着其将承担高额利息。因此，当交易成本较高时，意味着异地政府将承担较高的运营成本，尽管一级开发可能为其带来高额潜在收益——参与土地出让金和税收分成，但由于交易成本过高，其不会贸然承担。

　　总体来看，异地政府分享的权利种类越多，交易成本越高，不同模式下的交易成本也存在差异。如果只是帮扶模式这样的浅层合作，交易成本较小，然而当采用托管模式、招商模式时，两地合作将意味着更高交易成本。

（二）环境的不确定性

　　区域合作的制度化保障机制缺乏，增加深度权利分配时的风险。实践中，跨域横向合作可能面临一方主观或客观违约风险，导致原有合作协定无法顺利执行，损害另一方合作者利益。在跨域园区共建时，某些欠发达地区的领导为促成合作，初期可能会许诺进行丰厚利益让渡，然而，在发达方进行大量专有性资产投资后，或园区取得可观经济收益后，则会要求重新进行利益划分，甚至可能利用其掌握的行政审批权干预园区生产经营活动，影响园区正常运行，从而倒逼异地合作者妥协；或者当地领导人换届，并不认同或执行原有合作协定，导致合作进程受阻或停滞。

根据交易成本测算时常采用的"序数"比较思想，较之同省合作，跨省合作时的交易成本更高。即使对同一省来说，由于合作双方经济发展差距较大，并不属于同一经济发展梯队，而且通过共建园进行招商引资的目标企业类别与发达方本部开发区有所差别，并不形成直接竞争关系，因此，已有研究中认为省内合作更困难的判断，在本书讨论中并不成立。相反，在跨省合作中，由于存在更多制度性阻碍，合作将面临更高交易成本。同省内双方有共同上级政府，在遇到矛盾或困难时省政府可以协调，有助于矛盾缓和与消除，从而降低合作交易成本。

综合以上讨论，同省和跨省合作的交易成本对比如表4-8所示。

表4-8　同省合作和跨省合作时的交易成本对比

交易成本的类别		交易成本比较	
产生原因	交易影响	跨省合作	同省合作
行政区划分割，缺乏横向合作的制度化沟通平台	依赖官员私人关系，增加沟通成本	相对较高	相对较低。同省内的各地区官员共同参加工作会议的机会较多；省领导或省职能部门可进行统一协调
行政级别不对等	制约合作运营中双方对合作事务的平等沟通	无明显差别	无明显差别
土地出让权、行政审批权由当地政府行使	须由地方行使的法定权利制约可让渡权利的顺利运行	相对较高	相对较低。同省内的各地区官员共同参加工作会议的机会较多；省领导或省职能部门可进行统一协调

交易成本的类别		交易成本比较	
产生原因	交易影响	跨省合作	同省合作
区域合作的制度化保障机制缺乏	增加了进行深入权利分配时的违约风险	相对较高	相对较低。同省内的各地区官员共同参加工作会议的机会较多；省领导或省职能部门可进行统一协调
专业化园区管理人员的跨区域流动	制约异地政府派人员管理共建园事务	相对较低	相对较低。同一省内的官员流动较容易，如江苏省对苏南干部援助苏北出台奖励措施

三 制度推力

从国家层面看，长三角地区区域合作并没有统一的"强制性"安排，更多是通过国家整体发展规划或指导意见的方式，来倡导地方政府间加强合作。从省级层面看，在激烈省际竞争下，各省（市）政府积极推进省内各地方政府打破行政区划边界限制，参与经济合作，以缩小省内差距、提高整体竞争力。江苏省从2002年开始实施促进苏南和苏北合作的"四项转移"政策，即产业、财政、科技和劳动力转移，推动苏南5市与苏北5市成为定向挂钩单位，全面签署"一对一"全面合作协议（王运宝，2006），分别为苏州对宿迁、常州对盐城、镇江对连云港、无锡对徐州、南京对淮安。2006年江苏发布《省政府关于支持南北挂钩共建苏北开发区政策措施的通知》（苏政发〔2006〕119号），要求苏南和苏北挂钩共建产业园，同时，省政府还提供包括优惠的财税、建设用地指标、融资政策等一揽子支持性政策。例如，按照规定，获准设立的南北共建园，前3年每年可获1000万元的省级财政补贴，之后每年获得500万元，如果获评成为当年的南北共建先进园区，还可获得500万元奖励金；此外，获批共建园还将获得用地计划指标倾斜。

2012 年 8 月，浙江省出台《关于推进山海协作产业园建设的意见》（浙委办〔2012〕83 号），推动诸暨与遂昌、义乌与莲都、余姚与松阳、余杭与柯城、鄞州与衢江、柯桥与江山等 9 对县（市、区）协作共建 9 个省级山海协作产业园；并成立"浙江省山海协作产业园建设专项资金"，计划 2013 年至 2017 年期间，"省财政每年预算安排 2 亿元，专项用于山海协作产业园建设补助（奖励）。首批 9 对县（市、区）共建园中，经过审查认定的产业园，纳入专项资金补助（奖励）范围。专项资金按 7∶3 比例分设基础补助资金和考核奖励资金，即每年用于基础补助资金 1.4 亿元，用于考核奖励资金 0.6 亿元。排名前 3 位的产业园分别补助 1600 万元，排名 4～6 位的分别补助 1300 万元，排名 7～9 位的分别补助 1100 万元"。2014 年，专项基金管理办法进行重新调整，专项资金 2 亿元按 6∶4 比例分设基础补助资金和考核奖励资金，即每年用于基础补助资金 1.2 亿元，用于考核奖励资金 0.8 亿元。

2012 年安徽省出台《关于合作共建皖北现代产业园区的实施方案》（皖办发〔2012〕9 号），推动阜阳和合肥、亳州和芜湖、宿州和马鞍山、蚌埠（固镇）和铜陵、濉溪和芜湖、寿县和蜀山、凤阳和宁国、临泉和庐阳、泗县和当涂 9 对市（县、区）共建现代产业园区，并提供资金、人事、用地等方面的支持性政策。

对跨省合作，虽然长三角各省政府层面没有统一园区共建政策，然而，一些非正式制度如文化传统、日常惯例、意识形态、价值理念、风俗习惯等也发挥积极影响。代表性的例子是上海与盐城合作共建的相关政策。基于上海与江苏盐城的历史关系，盐城面向其下辖各开发区提出要求："每一家开发区都必须与上海建立联系。"① 虽然上海市政府层面未出台正式政策，但是上海市领导对与盐城合作的支持要远大于对其他地区。与此同时，江苏省允许盐

① 访谈对象：长三角 A 省 j 工业区管委会某副职领导等，共 4 位。访谈时间：2012 年 11 月 6 日。

城与上海的共建园申报江苏南北共建园。2009 年 6 月，江苏省政府常务会议讨论了盐沪合作共建开发区问题，同意盐沪合作共建园区参照享受江苏省南北共建园区有关财政政策（安徽省人民政府发展研究中心，2010）。因此，支持盐城与上海合作的相关政策将与省内共建政策一起，作为本书讨论制度推力时的主要关注对象。

第三节　案例研究：招商、帮扶还是托管？

本节将基于理论分析框架，围绕三个代表不同合作模式的共建园案例，对变量间逻辑关系进行深入挖掘，剖析案例内逻辑关系，验证三个模式选择的假设；进而进行案例间对比研究，检验单个变量发挥作用的假设。

一　案例研究设计

选择多案例研究的原因第三章已经有讨论，这里重点说明案例的选择标准：①案例的代表性和互斥性。这三个案例分别代表招商模式、帮扶模式、托管模式这三种最具典型性、在权利分配方式上互斥的模式。此外，案例本身具有较大影响力。案例一，A 省 a 开发区与 B 省 b 市合作共建产业园在第三章中已进行专门讨论，而其模式演变历程则可继续提供理论启示。同样，案例三提及的 s 市·n 市工业园，现经发展成为北部地区一块南部的"经济飞地"，受到中央、省市领导高度关注，先后有 50 多个外省部门、市县和开发区组团赴当地进行考察。而案例二中同期建立的 e 市经济技术开发区 g 县工业园，合作模式与前两个案例中的截然不同。②资料的可获性。截至 2016 年本研究主体部分开展时，三个案例所涉共建园成立都超过 5 年，基本完成前期磨合，合作模式稳定，相关数据、资料及研究可查。在实地调研访谈时，相关园区也积极配合提供信息支持。三个案例的基本情况如表 4 – 9 所示。

表 4 - 9　案例基本情况

单位：公里，平方公里

	合作双方	地理距离	园区面积	合作模式
案例一	A 省 a 开发区与 B 省 b 市	132	15	托管模式→招商模式
案例二	C 省南部地区的 e 市开发区与 C 省北部地区的 f 市 g 县	352	2.13	帮扶模式
案例三	C 省南部地区的 s 市 与北部地区的 n 市	457	13.6	托管模式

注：出于研究伦理考虑，对案例涉及地区进行了匿名化处理。

本节涉及案例资料以 2012 年 3 月到 2014 年 11 月期间笔者的实地调研访谈为主，以相关文献资料、政府研究报告及专题新闻报道等为辅。访谈单位列表显示在附录一中，访谈提纲如附录二所示。案例编码及结果检验方法已在第三章介绍，此处不再赘述。

二　案例一：a 开发区 b 市分园——招商模式

第三章分析了 A 省 a 开发区与 B 省 b 市合作的前期过程：共建园成立于 2009 年，采用托管模式，由 a 开发区承担全部一级开发和二级开发，b 市负责征地拆迁、提供社会服务。然而，2013 年开始，a 开发区不再承担一级开发，专注二级开发，合作模式由托管模式调整为招商模式。本案例将分析这一转变。

（一）高收益预期：土地资源约束增强，a 开发区期待"异地生财"

在共建园建立时，a 开发区对合作可能带来的收益有很高的预期，开展合作的经济激励强。从 a 开发区角度看，由于位于 A 省的母园区产业转移潜力非常大，而且对园区开发、产业招商实力很有信心，希望通过合作使 A 省母园与 b 市分园构成产业梯度，支撑母园优化产业结构。全面主导园区发展，则有利于其控制园区产业发展方向，便于产业转移，同时，也将为其带来可观的直接收益——

土地出让金分成、税收分成以及主要园区开发营运收入。因此，a
开发区希望全面主导共建园发展。

而从 b 市角度看，尽管托管模式意味着当地需要进行大量利益
让渡，但其认为与 a 开发区合作将获得国家级开发区的品牌资源，
极大提升当地招商引资绩效，时任市领导大力支持合作。双方很快
达成共识，约定采取托管模式。

（二）高交易成本：当地网络复杂，投资风险大，政治环境复杂

2010 年，共建园开始建设。然而，a 开发区在托管模式下开发
共建园时，却遇到巨大困难。

尽管主持一级开发对 a 开发区来说利益丰厚，但这要求其承担
巨大交易成本。一方面，交易成本来自一级开发本身的任务复杂性
程度较高。由于涉及污水处理、水电燃气管网建设、土地平整及其
他市政设施建设等，需要协调多个当地政府部门和公共设施企业，
而仅协调工作，就让虽有资本优势、招商网络优势、园区管理经验
但对当地错综复杂的权利关系非常陌生的 a 开发区感到力不从心：

> 这是（当地）政府的强项，我们念不来外地的经。[1]

同时，一级开发要求 a 开发区进行大量专有性投资，这也带来
巨大投资风险和高昂融资成本——当地政府有可能借口财政紧张延
付工程款或者违约。截至 2012 年底，a 开发区在前期的道路铺设和
基础设施建设上已投资 9833 万元，这些资金都通过 A 省母园发行
债券和银行贷款筹集。共建园 2011 年向中国农业银行抵押贷款
2900 万元，利率为 5 年以上基准上浮 10%。[2] 而开发成本收回及利
润获得，需等土地出让完成后，地方政府利用土地出让金进行返还

---

[1] 访谈对象：长三角 A 省 a 开发区某副职领导及某部门经理等，共 4 位。访谈时
间：2012 年 11 月 6 日。
[2] a 开发区 2013 年融资时公开发布的财务数据。

付款。资金的长期、大量积压，对一个受经济利益驱动、跨省投资合作的开发区来说，并非理性选择。

> b市的这个（介入一级开发的做法）不一定是错的，它有个大的框架，税收分成。后面我们思考自己的优势在哪里，一级开发投入大、周期长，这个是政府的强项。实际上，我们参与一级开发，也是我们出钱，他们做，这样子我们压在那儿的钱太多，一级开发的周期太长，我们投入后，当地政府如果说："对不起，今年财政没钱，明年给怎么样？"我们就傻了眼。这个实际上是我们买单，他压着我们的钱，而且总希望我们多投一些。而对我们的企业来说，最好是二级开发，我们希望快点见收益。①

除了一级开发本身流程复杂、需专有性投资多等问题，跨省合作缺乏有效保障机制，也增加了合作的不确定性。例如，领导干部任职周期下"新官不理旧事"就让跨省投资的a开发区叫苦不迭。

> 政治环境是我们走出去遇到的一大问题。在A省内部，（与区县的合作）还是好把握的；我如果到C省去，跨省界了，我在A省，到那边，我们的平台，还上升不到省市那个层次，没有省市直接交流。②

最初，a开发区和b市在合作协议中约定，每年各自追加5000万元，支持园区基础设施建设，一年后，当时积极推动合作的市领导到省政府赴任，新领导不愿再继续履行原有投资约定，然而，前期已经进行大量投资的a开发区必须继续跟进，保证园区建设顺利

---

① 访谈对象：长三角A省a开发区某副职领导及某部门经理等，共4位。访谈时间：2012年11月6日。
② 访谈对象：长三角A省a开发区某副职领导及某部门经理等，共4位。访谈时间：2012年11月6日。

完成，以收回投资。

此外，当地政府转变发展思路，调整产业发展定位，不再愿意承接 a 开发区想要转出的低端制造业。因此，即使是二级开发中的招商引资权，a 开发区在行使中也遇到阻碍，当地政府对占地大、产能低的生产项目通过用地指标、用地审批等进行干预，影响共建园产业选择，降低 a 开发区所承担的项目引进和园区服务工作效率。共建园投资环境和管理环境处于矛盾交织状态，降低资本吸引能力和增值能力（张京祥等，2011）。

> 在外地，如果换了新领导，虽然答应的条件不一定收回，产业定位转变、不积极支持也是有的。上周我们和 y 开发区和 w 开发区（A 省另外两个开发区）也有一个小范围的走出去的研讨会。我听说 y 开发区在 C 省 t 市有一个，因为 y 开发区想上市，要做大，还有一个产业的梯度转移，近水楼台先得月，要放到自己的园区，结果 t 市换市长了，说要搞现代服务业，跟 y 开发区本体的产业是有冲突的，跟梯度转移关系就不大了。地方政府会变，而审批权在当地，所以就困难。后来，y 开发区有想法，去和 t 市副市长沟通，好不容易弄好了……（共建园发展）需要当地政策的支持，权限的扩大。光有经费还不行，还要有行政权，想干的事情要行动很快。最好是这里审批好，市里备案就好。①

（三）模式选择：托管模式转变为招商模式，中度权利分配

最终，托管模式只持续到 2012 年，2013 年开始，a 开发区放弃一级开发，只承担二级开发，从原本独立运作的托管模式变为只

---

① 访谈对象：长三角 A 省 a 开发区某副职领导及某部门经理等，共 4 位。访谈时间：2012 年 11 月 6 日。

负责招商引资的招商模式（见表4－10），这也意味大量利益损失。

　　介入一级开发，我们就能在税收上要求分成，如果建园中园，很多事都和我们没关系了。①

表4－10　a开发区和B省b市的职责分配和收益分享（2009~2013年）

	a开发区		b市	
	2009~2012年	2013年	2009~2012年	2013年
职责分配	全面负责园区开发，包括一级开发（基础设施建设）和二级开发（厂房建设、招商、服务），派出管理人员负责相应职责	只负责园区二级开发，其他同2009~2012年	提供土地，负责征地拆迁，提供社会服务，并派出管理人员负责相应职责	在2009~2012年职责基础上增加一级开发
	1.05亿元股本投入，约定每年追加投资5000万元	独立追加投资至1.87亿元	0.95亿元股本投入，约定每年追加投资5000万元	保持0.95亿元股本，不再追加5000万元
收益分享	合资开发公司赢利后，获得52.5%的分红（公司收入来源为70%的土地出让金、新增增值税、企业所得税b市留存部分分成，厂房和办公楼销售和租赁收入，园区服务运营收入，公司支出为以上项目成本）	不再获得土地出让金，税收分成下调。其他同2009~2012年	合资开发公司赢利后，获得47.5%的分红；30%的土地出让金，新增增值税、企业所得税b市留存部分分成，共建园经济增长绩效计入b市	土地出让金变为100%，税收分成上调。其他同2009~2012年

　　资料来源：（1）访谈对象为长三角A省a开发区某副职领导及某部门经理等，共4位，访谈时间为2012年11月6日；（2）a开发区开发公司2013年融资时公开发布的财务数据。

　　放弃一级开发后，a开发区认为，虽然利益损失巨大，但在二

---

① 访谈对象：长三角A省a开发区某副职领导及某部门经理等，共4位。访谈时间：2012年11月6日。

级开发上其具备更大优势，更适合发挥其在招商引资、园区开发上的优势。此外，从地理邻近性上，在 b 市开发相比其在 C 省某市的另一共建园开发更占优势（另一共建园离 A 省本部 300 多公里，而 b 市仅 100 多公里），更适宜推动跨域产业合作。因此，尽管出现波折，a 开发区认为在厂房、办公楼开发、园区经营服务等方面，共建园仍可为其带来巨大经济收益。a 开发区将 b 市分园定位于发展科技型园区，而非仅接收低端产业转移（b 市也不愿意接收），其投资 3.6 亿元开发的某高科技特色多层工业厂房，成为长三角地区典范项目。

> 我们在其他共建园都不做一级土地开发，拿到的都是净地，我们导入商业服务、物业服务、招商引资，这是地方政府最看重的……招商引资、园区规划管理、园区服务、园中园是我们的优势，因为我们有这么多的园区样本，什么样的园区需要什么样的房子。①

合作以来，共建园发展迅速，成为 a 开发区向 b 市进行部分产业转移、延伸产业链、推广本开发区品牌形象的重要基地。2011 年共建园正式开始招商，截至 2013 年底，共建园成功引进 26 个国内外产业投资项目，累计完成合同外资 2.36 亿美元，实到外资 1.56 亿美元。

对 a 开发区来说，除从共建园中获得直接收益，更大意义在于，扩展生存空间、"腾笼换鸟"转移部分产业、提高土地利用率。A 省经信委 2011～2014 年每年公布的《A 省开发区综合评价结果》显示，从 2011 年共建园正式招商以来，至 2014 年 a 开发区本部 5.98 平方公里固定资产投资强度和税收产出强度都有所上升（见

---

① 访谈对象：长三角 A 省 a 开发区某副职领导及某部门经理等，共 4 位。访谈时间：2012 年 11 月 6 日。

图4-3）。2013年开始，a开发区的土地集约指数在A省所有开发区中排名第一。对b市来说，尽管让出一定经济利益给a开发区，但共建园对当地招商引资带动巨大。共建园是b市经开区的"园中园"，建立初期没有独立经济统计数据，统一计入经开区，本书主要分析经开区数据（见图4-4）。2010年共建园开始建设，2011年开始招商，2010年b市开发区的固定资产投资增长率为40%，2011年起FDI高速增长，2013年增长率达到43%。

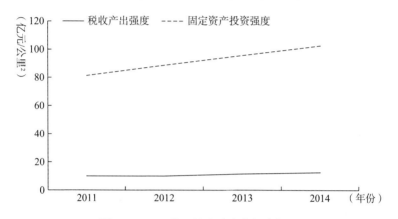

图4-3　a开发区的土地产出经济数据

资料来源：2011～2014年A省经信委发布的A省开发区综合评价结果。

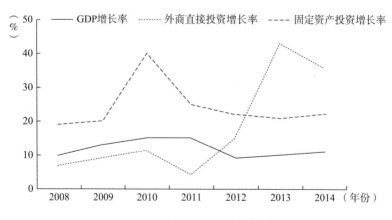

图4-4　b市经开区的经济增长数据

资料来源：2009～2013年C省统计年鉴，2014年数据根据b市经开区网站信息整理。

（四）案例小结

综合 a 开发区和 b 市的合作，最初 a 开发区对合作可以带来的收益有很高的预期，经济激励强，希望最大化承担园区开发职责，包括一级开发与二级开发，最大化其经济利益，而 b 市也希望 a 开发区可以帮其提升招商引资绩效，希望促成合作，因此双方首先采用托管模式展开合作。

然而，具体合作执行中，一级开发本身任务复杂性高、资产专有性程度高，及领导换届带来的投资环境不确定性，给 a 开发区大额跨省投资带来巨大风险，增加交易成本。最终，a 开发区放弃一级开发，托管模式变为招商模式（见图 4 - 5）。

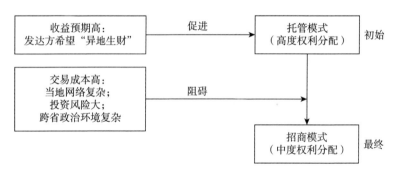

图 4 - 5　案例一选择招商模式的过程

本案例显示了招商模式的生成机制：当发达地区对合作收益有较高预期，但面临较高交易成本时，会中度参与合作项目，即采用招商模式。

三　案例二：e 市·g 县工业园——帮扶模式

e 市经济开发区 g 县工业园，又称 e 市·g 县工业园，是 2007 年按照 C 省省内挂钩共建经济开发区政策的要求，由经济较为发达的南部地区 e 市与经济欠发达的北部地区 f 市 g 县合作共建，合作执行主体为 e 市开发区与 g 县开发区。两地距离 352 公里。

共建园规划开发面积为 2.13 平方公里，首期启动面积为 0.59 平方公里。共建园主要发展食品加工、纺织服装、机械等产业。[1]

地理区位上，共建园与 g 县开发区合二为一，共建园管理主体即为 g 县经开区管委会；人员构成上，e 市开发区派 1 位副主任、1 位工作人员常驻共建园办公，负责协助共建园的部分招商引资、员工培训，其他共建园管理事务，由共建园所在 g 县的开发区管委会全权负责。[2]

（一）低收益预期：土地资源相对充裕，e 市经济外溢需求不足

e 市是 C 省经济较为发达的南部地区的一个地级市，虽然地处南部，但相比周边其他地级市经济状况略差，不仅在南部 5 市中，e 市排名靠后，甚至放在长三角核心 16 个城市中，e 市也表现平平。e 市成为南部"经济洼地"，可归于两个方面。第一，区位"劣势"。e 市到上海距离约 250 公里，驾车时间约为 3.5 小时。从 20 世纪 90 年代初开始，就在接受上海辐射中处于下风。第二，优惠政策缺乏。e 市一直到 2010 年，才有了第一块国家级开发区"牌子"，相比之下，周边三个地级市从 1992 年开始，就已经先后获批国家级开发区。e 市开发区建立 20 多年来，一直是省级开发区，开发区"政策资源不足、品牌形象欠佳"，也让 e 市在对外招商时感到力不从心。

因此，与周边三个地级市积极吸引外资、发展高新技术产业特别是电子信息产业不同，e 市走上了以重化工业、造纸产业等传统产业为主导的道路。而土地资源紧缺、产业转移需求强烈这类在 C 省南部地区比较突出的现象，在 e 市似乎并不明显，C 省北部地区投资不足等问题，在 e 市也同样存在。

而合作的另一方，C 省北部的 g 县非常渴望获得南部的产业投

①　C 省发改委网站。
②　访谈对象：长三角 e 市·g 县开发区管委会某主要领导、g 县开发区管委会某主要领导。访谈时间：2014 年 11 月 4 日。

资，但 e 市是南部经济发展相对比较滞后的地区，"腾笼换鸟"需求并不强烈。除 e 市本身的产业转移需求不足，还有一个制约因素是，g 县是其所在的地级市 f 市的水源地，而 e 市产业以重化工业为主，g 县并不具备资源承载能力。所以如果在自由选择合作伙伴的情况下，e 市并非 g 县理想合作伙伴，然而，省内共建政策发挥了作用。

（二）强制度推力：省政府南北共建政策要求挂钩合作

2006 年，C 省颁布省内挂钩共建开发区支持政策，规定 e 市与 f 市结对子带动北部发展，e 市自然是"积极性不高"。然而，e 市是地级市，要首先牵头执行，而且 e 市也一直苦于相比南部其他地区，政策资源缺乏，希望能够获得上级政府更多支持。彼时，省发改委经济协调处的一位领导在 e 市开发区挂职副主任，而这项政策正是由省发改委牵头推进的。因此，执行省里挂钩合作，成了 e 市"不得不"的选择。

省里的政策，则为 g 县提供了与南部地区合作的巨大激励。对一个经济在全省居后位的县来讲，这项扶持政策非常有吸引力。比如，按照规定，获准设立的共建园，前 3 年每年可以获得省政府 1000 万元的财政补贴，后面每年获得 500 万元，如果获评当年省内共建先进园区，还可获得 500 万元奖励金。而 g 县开发区，2006 年全年财政收入才 5057 万元，省政府给 1000 万元，接近一年的 20%。此外，还有用地指标，2007 年 g 县共建园作为省政府批准的首批省内挂钩共建开发区之一，一次性获得农用地转用计划 500 亩的土地指标。此外，还包括省政府在金融、贷款、电力上的一系列优惠政策。2007 年，共建园从国家开发银行 C 省分行获批 1 亿元建设贷款。

可见，在当前我国对地方政府以经济增长为重要指标的绩效评估体系下，g 县与 e 市合作，可谓一举两得：第一，省政府的政策支持将会回馈到其在区域招商引资中的竞争力提升上，如提供更优惠的财税、土地政策和便利的行政审批权限等，帮助其在经济增长竞争中获得优势；第二，获得现金财政补贴，这是当地政府的直接经济收益。

因此，g县非常积极。从经济发展需求来看，e市并非g县的最理想选择，但是省政府规定南部地区的e市与北部地区的f市挂钩结对子，下面的区县就只能在这个定向联系下再来找合作伙伴。[①]借助县领导的支持，f市下辖的g县与e市开发区领导建立了联系并达成了合作意向。

（三）低交易成本：同省领导熟悉，合作任务简单

e市和g县的合作，并不像a开发区和b市的合作一样，面临任务复杂、资产专有性高以及政治环境复杂而带来的高交易成本。首先，两地同属C省内，当时省发改委的领导在e市挂职，推动e市参与省内共建。两地各自的领导也有交集，双方能达成合作共识，g县领导的支持功不可没。

由于e市经济扩张需求不足，并不寄希望于通过拓展发展空间获得经济收益，因此，e市并不愿意参与太多共建园开发事宜，在这种情况下，基本不涉及交易成本的问题。g县开发区某领导这样描述合作细节：

> 合作没什么摩擦……我们两边就随机开开会，一般没什么摩擦，要是有问题就两边进行沟通，就共建园共同发展问题讨论讨论。[②]

（四）模式选择：帮扶模式，低度权利分配

如上分析，e市对合作的收益预期不足，将共建园定于"政治象征性"任务，因此，对园区投入有限，也不寄希望于得到利润分

[①] 访谈对象：长三角e市·g县开发区管委会某主要领导、g县开发区管委会某主要领导。访谈时间：2014年11月4日。

[②] 访谈对象：长三角e市·g县开发区管委会某主要领导、g县开发区管委会某主要领导。访谈时间：2014年11月4日。

成。而 g 县方面，虽然落后 e 市发展，但与 e 市存在类似需求——获得产业资本，也明白 e 市在当前发展现状下，对其经济带动作用非常有限，只是希望借助共建园这一平台从纵向政策资源配置体制中获得省政府的发展政策支持。

C 省虽然规定要省内共建，但是对合作模式没有进行限定。省里政策规定"区中园建设不固定统一模式，由合作双方从实际出发协商确定"，本想鼓励地方政府制度创新，却为双方仅开展象征性合作行了方便。

首先是资金和人力投入程度较低。省里要求南部方面占资金优势，e 市先投入 6000 万元，g 县投入 4000 万元，双方基本满足要求；e 市共派 5 人参与共建园建设，只有两个专职人员在 g 县工作，勉强符合省里基本政策要求。

其次是异地政府在园区治理中最小限度承担职责。名义上共建园为 g 县开发区园中园，调研中发现，共建园在地理空间上直接与 g 县开发区重合，共建园就是 g 县开发区，无需重新进行征地拆迁、土地平整等一级开发；名义上为南部方面主导合作，实际运行中，产业规划、厂房建设、招商引资、园区服务等园区管理核心职责全部由 g 县原有班子负责，e 市偶尔介绍一些企业入驻或者帮助 g 县开发区不定期进行工作人员培训；e 市虽然派两位工作人员常驻，但其编制还在 e 市；名义上，共建园与 g 县开发区财政独立，但实际运行中基本重合。[1]

最终，两地共建产业园区，变成在地政府主导、异地政府帮扶的状态。e 市不承担一级开发，只是少量参与园区服务事务及偶尔介绍企业入驻，且不从共建园提取收益。具体职责分配和收益分享如表 4-11 所示。

在这种"象征性"合作的帮扶模式下，合作以来，共建园发展

---

① 访谈对象：长三角 e 市·g 县开发区管委会某主要领导、g 县开发区管委会某主要领导，共 2 位。访谈时间：2014 年 11 月 4 日。

并没有太大起色，对 g 县经济发展的带动非常有限。①

表 4 - 11　e 市和 g 县的职责分配和收益分享（2007 ~ 2014 年）

	e 市（e 市开发区）	g 县（g 县开发区）
职责分配	只是少量参与园区服务事务及偶尔介绍企业入驻；派两名工作人员	一级开发与二级开发
	出资 6000 万元	出资 4000 万元
收益分享	不分享收益	共建园全部收益，共建园经济增长绩效计入 g 县

资料来源：访谈对象为长三角 e 市·g 县开发区管委会某主要领导和 g 县开发区管委会某主要领导。访谈时间为 2014 年 11 月 4 日。

（五）案例小结

e 市和 g 县的整个合作过程如图 4 - 6 所示。e 市由于本身经济发展水平不高，不面临土地资源约束，认为合作并不能为其带来经济收益，也并不重视合作，所以希望最小限度承担园区开发职责。尽管两地在省政府及领导支持帮助下得以开展合作，但是合作项目本身也较为简单，交易成本总体较低，这对促进深入合作并无太大帮助。从制度推力看，在省政府以省内共建政策所施加的制度推力影响下，作为

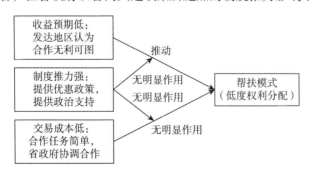

图 4 - 6　案例二选择帮扶模式的过程

① 访谈对象：长三角 e 市·g 县开发区管委会某主要领导、g 县开发区管委会某主要领导。访谈时间：2014 年 11 月 4 日。

发达方的 e 市"不得不"参与合作，但从结果上看，制度推力并未通过提高收益预期或是通过降低交易成本，对合作模式产生影响。

本案例显示了帮扶模式的生成机制：当发达地区对合作收益的预期较低或认为无利可图时，无论交易成本高低，都只会浅层参与合作项目，即合作采用帮扶模式。

四　案例三：s 市·n 市工业园——托管模式

s 市·n 市工业园是 C 省地级市 s 市和 n 市于 2006 年在 C 省的省内挂钩共建政策推动下成立的共建园。园区规划总面积 13.6 平方公里，园区定位于发展精密机械、电子电气、新材料等产业，承接 s 市产业转移。共建园运作以 s 市为主，依托 s 市工业园组织实施开发、建设、管理，采取充分授权、封闭运作的托管模式。①

（一）高收益预期：土地资源约束增强，希望产业转移

20 世纪 90 年代以来，以乡镇企业起家的 C 省南部地区在吸引外商投资中表现卓越，成为我国外向型经济的代表性集聚区，制造业基础雄厚。然而随着工业化进程加快，资源环境承载能力制约经济进一步发展，资源与发展的矛盾在南部核心城市 s 市表现得更为明显。一方面 s 市希望产业转型升级，另一方面，也担心产业外移带来经济增长下滑。类似案例一中的 a 开发区，s 市也将在周边其他城市建设"经济飞地"、拓展发展空间作为应对方案。对 s 市来说，合作将有利于拓展本部发展空间，帮助其在整个长三角范围内进行产业布局，即 s 市本部布局企业总部、研发中心，而 n 市分部布局制造业环节并获得园区开发经营的经济收益。

据共建园时任党工委书记、管委会主任介绍：

---

① s 市·n 市工业园区管委会网站。

（搭建园区的合作共建机制）要有原动力……s市能得到的好处，就是把地方腾出来，新的产业能够进来。进驻一个银行总部，得到的税收比制造业要多得多……我举个例子，台湾某上市公司在s市·n市工业园投资6亿美金，招收工人2万。这样的公司，如果还留s市的话，就需要给他2万人。假如s市工业园区要去收地，企业说那你让我到哪里去？我说，我们准备了一块"飞地"，虽是"飞地"，但你还在园区，管理理念是相同的，打交道的人也还是s市的人……现在，我在s市工业园区想拉任何一个企业去n市，领导都不会有意见。你看中哪个企业就去拉，他在后面肯定推。[1]

相比之下，北部地区产业基础薄弱，经济发展相对落后，但土地资源和生产成本的优势较为明显，成为南部企业产业转移的主要目标区域。北部"经济洼地"n市，也希望能够在这轮产业转移中吸引投资、获得发展机遇。当时的n市，正掀起一场招商引资热潮，除公检法和纪委外，其他党政机关都有招商指标。[2] 对GDP在全省排名倒数的n市来说，与全省排名靠前的s市合作意味着获得巨大经济利益——大量企业将从s市转移过来，可以在一定程度上解决自身多年来产业资本匮乏的问题。在以经济增长为主要指标的地方政府评价体系中，快速经济增长也将为当地政府及主要领导干部带来丰厚政治回报。

（二）强制度推力：省内共建政策要求挂钩合作

同案例二一样，s市与n市的合作，也可部分归功于2006年C省的省内挂钩共建政策。省政府提供的财政补贴、奖励政策、用地指标等支持，以及在金融、贷款、电力上的一系列优惠政策，为s

---

[1] 转引自2013年10月《南方都市报》对s市·n市工业园时任共建园党工委书记、管委会主任的专题访谈。

[2] 参见2008年3月《新世纪周刊》对n市发展的专题文章。

市向 n 市进行批量产业转移创造便利条件。此外，省财政出资 1 亿元作为共建园开发公司的部分资本金支持园区开发。

省内共建政策有助增进两地相互信任。2008 年 s 市工业园为共建园提供贷款担保，向国家开发银行申请 6 亿元贷款专门用于共建园基础设施建设。《s 市工业园区地产经营管理公司 2012 年度企业债券信用评级报告》中指明：

> ××开发公司是 s 市·n 市工业园区的开发主体，s 市·n市工业园区得到 n 市和 C 省两级政府的支持，这一担保发生代偿的可能性较小。

（三）低交易成本：同省合作，省政府提供风险保障

案例一显示，一级开发本身意味着任务复杂、投资周期长、投资风险大。然而，在 s 市和 n 市的合作中，省政府在降低风险方面提供有力保障。例如，合作协议约定，n 市每年要根据共建园需求无偿供给土地指标，2012 年，n 市成为 C 省地票交易试点城市，地票需到土地交易所进行买卖，大大增加 s 市对共建园的开发成本。根据当年共建园土地需求估计，将存在 2.5 亿元资金缺口。[①] n 市最初签署合作协议的市长虽已于 2011 年调离，但其新任职岗位为 C 省省政府省内合作协调小组副组长，可以继续直接参与组织协调省内南北挂钩帮扶工作。[②] 合作也得到继任市长大力支持。合作危机以 n 市财政局每年拨付 2 亿元去帮助共建园建设而解决。[③]

省内合作也便于 n 市向 s 市进行共建园范围内行政管理职能和

---

① 2013 年 10 月《南方都市报》对 s 市·n 市工业园时任共建园党工委书记、管委会主任的专题访谈。

② n 市人民政府官网公开信息。

③ 2013 年 10 月《南方都市报》对 s 市·n 市工业园时任共建园党工委书记、管委会主任的专题访谈。

管理权限的"全面让渡"。"共建园管委会在园区规划建设、土地
管理、经济管理、环境保护、招商、财政、外事、组织人事等各方
面，代表 n 市市委、市政府行使省辖市管理职能和管理权限，党工
委、管委会内设机构享有与 n 市对应职能部门同等管理权限。"①

（四）模式选择：高权利分配

最终，两地合作采取托管模式。共建园运作由 s 市主导，依托
s 市工业园组织实施开发、建设、管理。最终权利分配中，n 市负
责提供土地、劳动保障和社会事业服务等，园区其他事务全部由 s
市负责。双方职责和利益分配如表 4 - 12 所示。

在人员安排上，s 市工业园派出由 36 人构成的专业管理团队常
驻共建园，担任党工委书记、管委会主任、开发公司董事长以及办
公室、招商局、财政局、规划建设局等 7 个部门的一把手，并通过
"一提拔，二补贴"大力鼓励干部赴任共建园保障人才跨域流动。②

表4 - 12　s 市工业园和 n 市合作中的职责分配和收益分享（2006～2013 年）

	s 市工业园	n 市
职责分配	全面主导园区开发（一级开发，二级开发），派出 36 人的园区管理团队负责 7 部门工作	负责提供土地、劳动保障和社会事业服务等
	4 亿元股本投入	0.5 亿元股本投入
收益分享	10 年内 100% 的共建园财政收入及开发公司利润留存共建园以滚动发展（开发公司收入为土地出让金、厂房和办公楼建设及销售、园区服务运营收入等，公司支出为以上项目成本）；10 年后开发公司分红（待定，10 年后讨论）；s 市母园腾笼换鸟提升土地利用效率，与 n 市形成产业梯度助推母园发展	10 年后共建园财政收入及开发公司分红（待定，10 年后讨论）；合资公司向 n 市纳税（每年约5000 万元）；共建园经济增长绩效计入 n 市

资料来源：2013 年 10 月《南方都市报》对 s 市·n 市工业园时任共建园党工委书记、管委会主任的专题访谈；2013 年《s 市工业园区地产经营管理公司企业债券信用评级报告》第 52 页。

---

① s 市·n 市工业园管委会网站。
② 2013 年 10 月《南方都市报》对 s 市·n 市工业园时任共建园党工委书记、管委会主任的专题访谈。

在园区开发上，C省、s市、n市、s市工业园按1:0.5:0.5:4共同出资组建共建园开发公司作为园区开发主体，共6亿元的注册资本作为股本，支持开发公司滚动开发。[①] s市方主导土地一级开发和二级开发：①一级开发中，以委托代建（BT）方式进行土地收储及基础设施建设，最终收入均来自园区土地出让金，由当地政府按照市场价格偿付开发公司使公司产生盈利（毛利润一般为开发成本上浮3%~5%），此外，还承担n市1.82平方公里的商住区开发项目；②二级开发中，通过工业厂房、员工宿舍建设、出租、物业管理获取租金收益，此外还有园区服务收入。

两地约定，为保证共建园资金充足，10年内双方均不从共建园提取财政收入，开发公司各股东10年内也不分红，使财政收入和经营利润全部留在园区，以支持共建园发展。n市对合资公司经营管理不参与决策制定，不具有实质控制权。

s市·n市工业园建立以来，在全省共建园考核中排名靠前，并获批省级开发区，被C省委、省政府表彰为"省先进开发区"。[②] 图4-7显示了2007~2014年n市的主要经济数据，其中，2008年

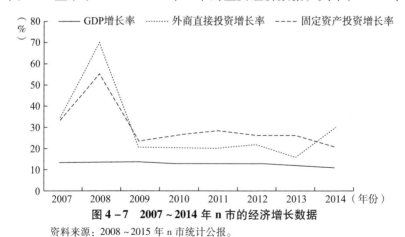

图4-7　2007~2014年n市的经济增长数据

资料来源：2008~2015年n市统计公报。

---

① s市·n市工业园管委会网站。

② 2013年10月《南方都市报》对s市·n市工业园时任共建园党工委书记、管委会主任的专题访谈。

固定资产投资和外商直接投资增长率分别达到 55.3% 和 70.0%，2007 年到 2013 年，GDP 增幅保持在 12.5% 以上，居全省领先地位。

从 s 市角度，共建园解决了 s 市工业园发展空间不足问题，帮助其在整个长三角范围内进行产业空间布局。在前期，从 s 市转移过来的或者 s 市帮忙招商的产业，都是 s 市认为处于低端的产业。2009 年之后，随着共建园发展成熟及 s 市的资源环境压力增大，s 市工业园本部与共建园形成良好产业合作互动关系。大量 s 市工业园的企业将一部分产业链环节延伸或转移至共建园，将研发中心或实验室放在 s 市，而制造业放在 n 市，s 市工业园与共建园的产业链关系已经清晰可见。共建园也同时支持 s 市工业园本部的招商。[①]显示在经济发展数据上，以 s 市工业园 80 平方公里的核心区域计算，合作以来 s 市工业园单位面积固定资产投资强度、税收产出强度上升趋势明显，如图 4 - 8 所示。

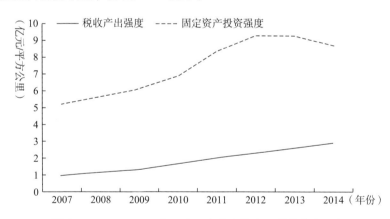

图 4 - 8　2007 ~ 2014 年 s 市固定资产投资、税收产出强度
资料来源：2008 ~ 2015 年 n 市统计公报。

（五）案例小结

n 市和 s 市的合作过程如图 4 - 9 所示。s 市土地资源约束增强，

---

① 2013 年 10 月《南方都市报》对 S 市·n 市工业园时任共建园党工委书记、管委会主任的专题访谈。

要求产业转移，而 n 市在 C 省经济中排名靠后，渴求产业资本。两地对通过合作提高各自经济收益，都有较高预期。s 市希望全面获得开发权利，将 n 市分园建成其"经济飞地"。省政府的省内挂钩共建政策，在通过提供优惠政策和财政补贴，提高双方对合作的收益预期，以及降低两地的交易成本方面，发挥重要作用，其高度重视也为两地建立信任关系奠定基础。s 市得以以较低交易成本全面主导共建园开发。10 年长期合同与全面权利让渡，让 s 市愿意对共建园投入大量优势资源进行开发，在跨行政区划合作中形成了"有恒产者有恒心"的激励效果。

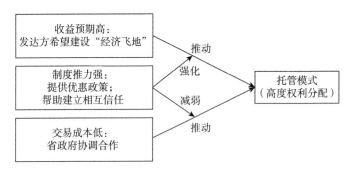

图 4-9　案例三选择托管模式的过程

本案例显示托管模式的生成机制为：当发达地区对合作带来的收益有较高预期时，如果交易成本较小，将会深度参与合作项目，即采用托管模式。

五　案例比较

三个共建园案例采取了截然不同的合作模式。前文进行的案例内分析总结了三种模式生成的机制。本节整理了三个案例在各个解释变量上的取值（见表 4-13），进行案例间对比，并对针对各个变量的假设进行检验。

表 4 – 13　三个共建园案例比较

比较维度	案例一	案例二	案例三
收益预期	高	低	高
制度推力	无	强	强
交易成本	高，跨省合作	低，省内合作	低，省内合作
合作模式 （权利分配）	招商 （中）	帮扶 （低）	托管 （高）

（一）收益预期与权利分配

案例一和案例三中，发达地区由于土地资源短缺而产生对外拓展发展空间需求，欠发达地区土地资源优势明显但是招商引资不足，两地资源互补性强。合作共建满足微观企业主体要求生产成本最小化需求，符合产业转移市场规律，共建园具有通过整合两地资源进行自我增值的经济生产功能，为双方带来巨大潜在经济收益。共建园被发达方视为一个可以承担整合区域资源、实现资本增值的生产性平台。为实现收益最大化，发达地区希望尽可能多分享园区治理权利。

而在案例二中，虽然与案例三其他影响因素类似，但是由于"名义"上的发达方实际上发展水平不高，其辖区内土地资源仍可以满足其发展要求，尚无对外进行空间扩张的需求，两地间资源互补性较弱，因此对参加区域合作可以获得的收益并没有很高的预期。最后虽然在政策干预下勉强成立共建园，却只将其视为完成政治任务的平台，保证其建立即可，基本不愿意分享治理权利。

因此，以下研究假设得证：

H3：发达地区对合作的收益预期越高，越有利于双方开展深入区域合作。

（二）交易成本与权利分配

对比案例一和案例三。在资源依赖情况类似的情况下，两个案例中的发达地区都希望可以享有更多合作治理权利，以得到更多经济收益。但是在案例一中，由于是跨省合作，没有更高一级区域性组织来帮助协调合作，出现领导更换届而导致违约情况，当地政府享有行政审批权也在一定程度上降低由发达方主导的园区事务管理效率。在较高交易成本下，最终，发达方分享的治理权利在其初始希望基础上进行缩减。而在案例三中，当外界宏观政策变化而出现违约风险时，上级政府（省级政府）承担调节的作用，保障合作正常进行，省级政府协助双方建立信任，发达方也得到当地政府的全面权利让渡，相对独立地治理园区。因此，以下研究假设得证：

H4：行政区划分割导致较高的交易成本时，将阻碍双方开展深入区域合作。

（三）制度推力与权利分配

对比案例一和案例三，在收益预期水平相近时，由于出现上级政府的制度推力，案例三中的发达地区最终获得的权利，比案例一中的更多。

然而，对比案例二和案例三，虽然同时受制度推力影响，但在收益预期水平不同的情况下，最终合作中双方权利分配情况截然不同，说明制度推力并不能独立影响权利分配，需要与收益预期共同发挥作用。案例三显示，一方面，省政府通过提供一系列优惠政策提高合作潜在收益，即共建园获得优惠政策后对厂商将更有吸引力；另一方面，省政府进行部分开发公司股本投入及对园区进行财政补贴，使发达方对合作收益有更高预期，从而愿意投入更多。例如 s 市认为共建园是省政府、n 市都非常重视的项目，愿意为共建园提供 6 亿元贷款担保。从而证明：

H5：制度推力将发挥调节效应，强化收益预期对区域合作中权利分配的推动作用。

对比案例一和案例三，两者最初都计划采取托管模式，而托管模式本身交易成本要高于其他模式。然而，在案例三中，上级政府推动合作的制度安排，为双方深入开展合作提供政治保障，帮助双方建立信任，保障托管模式稳定维持，而案例一则缺少这样的制度保障。从而证明：

H6：制度推力将发挥调节效应，减弱交易成本对区域合作中权利分配的阻碍作用。

六 案例分析结果汇总

综合上述对区域合作模式选择的案例内分析及案例间对比，相关假设的检验结果如表4-14所示。

表4-14 研究假设及其检验结果

序号	研究假设	检验结果
H3	发达地区对合作的收益预期越高，越有利于双方开展深入区域合作	通过检验
H4	行政区划分割导致的交易成本较高时，将阻碍双方开展深入区域合作	通过检验
H5	制度推力将发挥调节效应，强化收益预期对区域合作中权利分配的推动作用	通过检验
H6	制度推力将发挥调节效应，减弱交易成本对区域合作中权利分配的阻碍作用	通过检验

第四节 小结：区域合作中政府与市场的柔性关系

本节结合跨域共建产业园的土地开发过程，分析两地进行合作时，双方进行产权调整的主要内容——由欠发达地区地方政府所拥有的园区土地控制权及其收益，并且归纳了发达地区承担不同开发职责（权力）时可以获得的对应收益。继而，以在权利分配上具有明显差异的一级开发和二级开发为界，根据发达地区政府从高到低获得土地控制权及相应收益的程度，将合作模式划分为托管模式、招商模式和帮扶模式。

之后，通过对三个采用不同合作模式的案例进行案例内分析和案例间对比，将三种模式的选择机制总结如下：

（1）当发达地区对合作收益有较高预期，但面临较高交易成本时，将中度参与合作项目，即采用招商模式。

（2）当发达地区对合作收益的预期较低或认为无利可图时，无论交易成本高低，都只会浅层参与合作项目，即采用帮扶模式。

（3）当发达地区对合作带来的收益有较高预期时，如果交易成本较低，将会深度参与合作项目，即采用托管模式。

四个关于模式选择的假设都通过了检验：发达地区对合作的收益预期越高，越有利于双方开展深入区域合作；行政区划分割导致的交易成本较高时，将阻碍双方开展深入区域合作；制度推力将发挥调节效应，强化收益预期对区域合作中权利分配的推动作用；制度推力将发挥调节效应，减弱交易成本对区域合作中权利分配的阻碍作用。

基于以上结论，区域合作中的横向政府间关系表现出如下特点。

第一，横向政府间是平等的伙伴关系，协商决定区域合作模式。单个地方政府就其辖区而言，是产权所有人，与其他地方政府是"封闭式"行政区划分割下的独立行政主体间关系，依靠上级行政指令行事；然而，当跨域时，行政手段失效，府际关系转换为"开放式"区域经济下的伙伴关系，强调平等。就合作模式的选择而言，尽管在合作模式选择中，发达地区对合作的收益预期发挥基础性作用，但是由于欠发达地区地方政府作为在地政府，拥有行政审批权，则通过影响交易成本，来影响合作模式的选择。因此，合作模式的选择建立在两地达成共识的基础上，是一个平等协调过程。

第二，横向政府间进行区域合作模式选择时，则需要回应市场需求。合作主要内容就在于重新进行资源控制权的调整，实现双方共同的利益增进，在共建园中，则表现为最大限度招商引资。分工安排上，双方进行权利分配的原则，则是发挥各自的比较优势。欠发达方向发达方进行土地控制权让渡，发达方负责园区开发，以发挥其在招商引资中具备的优势，而欠发达地区则负责提供土地资源。利益分配上，由于双方自愿合作，地方政府间可以对权利分配有更大程度自主选择和动态调适空间，表现出与分工相对一致的特征（例如承担一级开发，则获得土地出让金和税收分成，承担二级开发则获得税收分成、招商奖励或园区经营收益）；此外，采取合资建立股份公司的形式，用市场化方式经营园区资产，便于利益分成（如将税收和土地出让金以奖励的形式返还给公司）。

第五章 区域合作模式选择的定量研究

第四章讨论了共建园土地控制权进行跨域共享的差异化制度安排及其形成机制，并结合案例研究对解释区域合作模式选择的理论假设进行检验。为增强本书所建构理论的外在效度，并对变量间关系做出更准确解释，本章将开展定量研究，对相关研究假设进行统计意义上的验证。

第一节 研究假设

根据本书建构的理论分析框架，进入定量研究的合作模式选择相关待检验研究假设如图5-1所示：

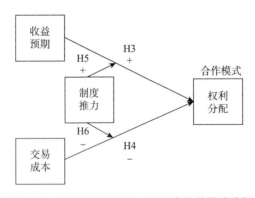

图5-1 待检验研究假设：区域合作的模式选择

具体为：

H3：发达地区对合作的收益预期越高，越有利于双方开展深入区域合作。

H4：行政区划分割导致的交易成本较高时，将阻碍双方开展深入区域合作。

H5：制度推力将发挥调节效应，强化收益预期对区域合作中权利分配的推动作用。

H6：制度推力将发挥调节效应，减弱交易成本对区域合作中权利分配的阻碍作用。

第二节　变量与数据

为检验以上研究假设，本书以 2003～2014 年长三角地区由经济较发达地区和经济欠发达地区的地方政府间跨地级市、跨省合作的 102 个共建园为分析样本，通过整理两地共建园的公开信息来收集数据。样本来源、变量测量及数据来源将在本节进行介绍。

一　分析样本

定量分析的样本名录整理，是工作量大、难度高的一项基础性工作。由于当前长三角地区并没有一个统一官方渠道进行名录发布，笔者只能根据各地政府的公开信息及相关研究报告进行整理（主要来源详见表 5－1）。在前期进行的调研、收集资料基础上，名录正式整理工作始于 2013 年 6 月，止于 2016 年 1 月，这期间不断查漏补缺并严格筛选。名录整理分为两个阶段。

第一阶段是广泛记录阶段。根据何苗和丁辰（2014）在《21世纪经济报道》上的介绍，截至 2014 年 9 月，长三角地区上海、江苏、浙江、安徽四省市参与合作的共建园已逾 200 个，合作主体包括地方政府及其下辖的开发区、大型国有企业、民营及外资企业等。笔者第一轮整理了 2003～2014 年成立的 159 个共建园名录。选择以 2003 年开始，是因为在这一年江苏江阴市与靖江市共同出资设立江阴—靖江工业园，自此揭开长三角共建园序幕。

表5-1　长三角共建园名录主要来源

	名录主要来源
江苏省共建园信息	江苏省发改委网站南北合作专栏
浙江省共建园信息	浙江省人民政府经济合作交流办公室网站山海协作专栏
安徽省共建园信息	安徽省发改委网站皖北经济发展专栏 丁海中主编《皖江城市带承接产业转移示范区建设报告（2014）》
上海市共建园信息	上海市人民政府发展研究中心2011年研究报告《上海产业转移的现状、趋势和有序引导对策研究》 安徽省人民政府发展研究中心2010年研究报告《皖江城市带承接沿海产业转移系列调研之二：上海异地工业园建设情况调研》
调研获知	直接调研园区或受访人提及其他园区
文献资料	王兴平（2013：286～295），杨玲丽（2012），杨玲丽（2010），张京祥等（2011），薛莉等（2010），陈彬（2013：17～18，26），丁胡送、吴福象、王新新（2012）等的研究
其他资料	《21世纪经济报道》、《南方都市报》、《人民日报》、新华网，相关地方政府及共建园、长三角园区共建联盟提供的材料及其官方网站

第二阶段是筛选阶段。在159个共建园中剔除以下样本：①上海市内部各区县间、其他省同一地级市内部不同区县间共同成立的共建园（这类共建园有较强的行政力量进行自上而下的协调，本书重点研究地方政府受资源约束驱动的自发合作）；②由宝钢、通用、光明等大型生产性企业与当地政府合作成立的、作为生产基地的共建园（这类共建园主要服务企业扩大生产需求，且不属于地方政府间合作）；③在后续查询中数据不可获的共建园。

最终确定由地方政府间（含开发区）跨地级市、跨省合作的102个共建园作为定量研究分析样本，其名称、合作时间、合作双方、主导产业、所在省份等信息汇总于附录三。

二　变量操作及数据来源

（一）因变量：合作模式

合作模式代表两地政府在共建园开发中的权利分配模式。根据

第四章，在两地政府以共建园为平台展开的合作中，欠发达地区地方政府享有的园区土地控制权及收益，是双方进行权利分配的主要内容。由于共建园地处欠发达地区，发达方获得权利分配越多，代表欠发达方向其进行权力让渡和利益分享的程度越高，也代表更深层合作。

已有研究关注到共建园中两地政府间分工及利益安排，并以此作为合作模式划分依据，如陈彬（2013：17～18）和杨玲丽（2012）的研究，以定性描述为主，缺乏对合作模式的标准化测度。本书作为一项探索性研究，在通过大量调研访谈和资料查阅对共建园开发过程和开发特点有深入了解的基础上，识别共建园开发中若干核心职能，并以此作为合作模式测量依据。

第四章梳理了共建园土地开发中的一级开发和二级开发，共两大类四项职责。其中，一级开发以基础设施建设为主，二级开发包括规划建设、招商（项目引进）、园区服务等。合作双方所获收益，因职责分配而异。

具体操作中，本书以发达方在共建园管理中实际承担的职责项目数量表示权利分配，每项职责计1分，最少1分，最多5分。权利分配的差异代表合作模式的差异，如表5-2所示。计算方式如下。

表5-2　合作模式的测量

分值	一级开发	二级开发			简单管理或招商职责不涉及利益分配
		规划建设	园区服务	招商	
5分	●	●	●	●	
4分		●	●	●	
3分			●	●	
2分				●	
1分					●

注：表中黑点代表发达方承担的职责。

1分代表发达方不承担一级开发，基本不承担或只少量承担二级开发中的园区服务职责或简单协助招商，不进行利益分享，即帮扶模式。利益单向流动，发达方基本不从共建园获得经济收益，也尽可能少地承担职责，呈现"象征性"特征。

2~4 分代表发达方承担二级开发中的职责，分数从招商、招商 + 园区服务、招商 + 园区服务 + 规划建设顺次增加。均属于招商模式范畴。2 分代表发达方承担招商职责，现实表现为发达方只负责特定产业招商或介绍企业进入园区，获得招商奖励或税收奖励；3 分代表发达方不仅承担招商职责，也开展园区服务，园区建设则由当地政府或由入园企业自行承担；4 分代表发达方除承担招商、园区服务，还承担园区规划建设，包括工业厂房、科研办公楼等产业载体及商住配套的建设等。

5 分代表发达方承担一级开发和二级开发的四项职责，即托管模式。因此，如果发达方承担一级开发，则代表合作深入开展，即欠发达方向发达方进行较大的权利让渡，体现双方对合作的长期承诺。

需要说明的是，本书之所以没有采取 3 分制测量法，即按照帮扶模式、招商模式和托管模式进行划分，旨在提高测量精度。二级开发由规划建设、园区服务和招商三项职责构成。在本书整理的102 个长三角政府间共建园名录中，51 个共建园中的发达方全部或部分承担这三项职责，如果直接赋为等值则过于粗略。

合作模式数据的收集，是本书的难点之一。为减少因个人理解不同带来的录入误差，采用二人协作编码形式进行，并对争议园区讨论确定。主要数据来源如表 5-3 所示。多项来源信息涉及相同园区时，进行相互验证，以剔除"伪合作""文件合作"等情况。

表 5-3　合作模式的主要数据来源

资料来源类型	说明
笔者调研获知	2012 年 3 月~2014 年 11 月直接获知受访共建园的合作模式信息，并问询是否知晓其他园区
笔者邮件问询	2016 年 1 月邮件问询 5 家共建园信息[①]

资料来源类型	说明
专题研究报告	上海市人民政府发展研究中心2011年研究报告《上海产业转移的现状、趋势和有序引导对策研究》； 安徽省人民政府发展研究中心2010年研究报告《皖江城市带承接沿海产业转移系列调研之二：上海异地工业园建设情况调研》； 丁海中主编《皖江城市带承接产业转移示范区建设报告（2014）》
相关共建园及政府（开发区）网站	共建园主要干部的人事任命安排（包括当地政府的人事任免安排公告），合作双方分工情况
文献资料	王兴平（2013：286～295），杨玲丽（2012），杨玲丽（2010），张京祥等（2011），陈彬（2013：17～18），丁胡送、吴福象、王新新（2012）等的研究
新闻报道	《21世纪经济报道》、《南方都市报》、人民网、新华网等发布的相关报道及当地官方报纸报道等

注：①笔者于2016年1月13～20日向江苏省发改委网站上公开联系方式的34家共建园发放调查问卷了解合作双方职责分配情况，有5家园区回复并提供信息，因此笔者最终放弃问卷调查方式转向根据公开信息编码。

（二）自变量：收益预期

对于发达地区地方政府对区域合作的收益预期，本书将采用间接测量的方式。收益预期主要由体现两地土地资源约束情况的土地投资强度控制指标，以及两地间距离共同体现。具体计算方式如下。

$$RD_{iab} = \frac{\left(\dfrac{density_{ia}}{density_{ib}}\right)}{r_{iab}/100}$$

公式中，RD_{iab}代表第 i 个共建园中发达城市 a 和欠发达城市 b 合作时的收益预期，$density_i$ 为当地工业土地投资强度控制指标。①

① 国土资源部《关于发布和实施〈工业项目建设用地控制指标〉的通知》显示，投资强度代表"项目用地范围内单位面积固定资产投资额。计算公式为：投资强度＝项目固定资产总投资÷项目总用地面积。其中：项目固定资产总投资包括厂房、设备和地价款"。

公式中分母除以 100 是便于后续分析时减少小数位数。指标建构形式受启发于经济地理研究中常用的引力模型（刘继生、陈彦光，2000），这是城市间相互作用强度的一个基础性模型：$I_{ij} = G Q_i Q_j r_{ij}^{-b}$。该模型中，$I_{ij}$ 为城市体系中第 i 个城市与第 j 个城市的"引力"即相互作用强度，Q_i、Q_j 分别为 i、j 两城市的规模，r_{ij} 为 i、j 两城市的距离，G 为引力系数，b 为引力衰减指数。

结合第三章分析，发达地区地方政府对区域合作的收益预期，建立在土地资源约束触发两地资源互补的基础上，需要将两地约束程度的梯度落差纳入考量，因此采用计算比值的方式。对于土地资源约束的程度，本书采用当地土地投资强度指标来测量，主要原因在于各地可用于建设的土地面积难以直接获得，而土地投资强度指标则在已有研究中作为替代性指标被广泛运用。例如，杨勇（2015）结合对县与乡镇间用地权调整的分析，用数理模型及定量实证研究证明，当土地资源约束加强时，地方政府将提高土地投资强度指标，即招商门槛。

共建园成立的主要目的之一是推动发达地区向欠发达地区进行产业转移。两地距离对企业意味着运输成本，直接影响其产业转移，空间经济学也将运输成本作为经济增长的一个内生变量（Krugman，1991）。引力模型显示，城市间引力大小与空间距离成反比。因此，本书将两地距离纳入公式，以提升对收益预期的测量效度。

具体数据来源包括：

（1）两地交通距离为两地间公路距离，通过 2014 年 12 月百度地图查询获得；

（2）工业土地投资强度指标数据来自两个渠道，根据合作双方各自所在的区县以及共建园成立的时间，对应不同数据源进行查询，具体如下。①对 2003～2007 年以前展开的合作，采用国土资源部 2004 年发布并实行至 2008 年初的《工业项目建设用地控制指标（试行）》（国土资发〔2004〕第 232 号）；②对 2008 年以后的合作，采用国土资源部 2008 年发布并实行至今的《工业项目建设用地控制指标》（国土资发〔2008〕24 号）。

这两份文件将全国所有区县和直辖市的区的土地等级分为 7 大类
15 个等级，并按照《国民经济行业分类》（GB/T 4754—2002）中制
造业部分分类目录 13~43 大类共 30 个行业，详细设置投资强度控
制指标。本书采用各行业平均值。

对 2003~2014 年两地签约成立的 102 个共建园，采用这两份
文件中提供的数据来测量两地的土地资源约束情况，主要考虑到
需要与合作模式的数据保持时间同步，并通过统一数据来源，提
高统计有效性。如前文介绍，合作模式的数据主要来自地方政府
的研究报告、地方政府人事任免安排公告以及共建园官方网站的
介绍等，大部分数据体现"初始"的权利分配安排。由于对这上
百个共建园进行直接问卷调查或全部访谈存在较大的困难，不能
对合作双方"现在"的合作模式情况进行准确把握，如第三章和
第四章提到 A 省 a 开发区与 B 省 b 市的合作模式演变。如果采用
现在的土地投资强度数据，则会产生以现在的数据解释过去发生
的事的归因谬误。

而采用合作当年的数据，则因为本书要求的区域划分过细（到
区县级别）而各地当时数据公开程度不同，大量的数据缺失。而各
省份的数据公布时间不同步、区域划分过于粗略，例如江苏省 2010
年和 2014 年分别发布指标，都是以苏南、苏中、苏北来直接划分，
安徽省 2012 年则是按省辖市、县城、开发区、省级开发区进行大
类划分。

因此，综合以上考虑，本书选择采用这两份影响时间较久的指
标，而且细分到直接对全国各区县和直辖市的区进行投资强度要求
的数据，作为投资强度的数据来源，并通过采用统一来源，减小数
据缺失或来源多样造成的统计误差。

（三）自变量：交易成本

交易成本的测量，采取比较方式。由于本书主要选择跨地级市

及以上城市间合作，对地级市以下各区县以及上海市内各区县的合作不作讨论，所以将跨省合作赋值为"1"，跨地级市合作赋值为"0"。本数据可根据合作跨省与否情况（见附录三）直接获知。

由于交易成本绝对数无法测量，将通过比较交易费用大小的相对值来间接测量（卢现祥，2011：45~46，53）。第四章中，对同省合作和跨省合作时的交易成本进行测量，显示跨省时面临更高交易成本。同时，案例研究也证实交易成本较高时发达方愿意承担的开发职责较少。

（四）调节变量：制度推力

结合第四章，制度推力主要来源于两类制度。一类是江苏、浙江、安徽三省省政府为促进区域协调发展，在本省实施促进发达地区与落后地区挂钩帮扶的政策；另一类是跨省政府间，通过历史文化等非正式制度建立合作关系，而且以行政力量推动其下辖各级政府开展合作的制度安排，主要指上海与盐城的合作。因此，本书将受到这两类制度推力的共建园均赋值为"1"，反之为"0"。两类制度推力测量的主要依据见表5-4。

表5-4　制度推力测量的数据来源

	各地政策（制度）	挂钩对象
省内合作制度	江苏省《省政府关于支持南北挂钩共建苏北开发区政策措施的通知》（苏政发〔2006〕119号）	苏州对宿迁、常州对盐城、镇江对连云港、无锡对徐州、南京对淮安
	浙江省《关于推进山海协作产业园建设的意见》（浙委办〔2012〕83号）	诸暨与遂昌、义乌与莲都，余姚与松阳、余杭与柯城、鄞州与衢江、柯桥与江山等九对县（市、区）的协作共建9个省级山海协作产业园
	安徽省《关于合作共建皖北现代产业园区的实施方案》（皖办发〔2012〕9号）	阜阳和合肥、亳州和芜湖、宿州和马鞍山、蚌埠（固镇）和铜陵、濉溪和芜湖、寿县和蜀山、凤阳和宁国、临泉和庐阳、泗县和当涂九对市（县、区）共建现代产业园区

各地政策（制度）	挂钩对象
跨省合作制度	上海和盐城两地政府间建立跨行政级别、跨省界经常化交流机制；盐城每年都编制接轨上海工作计划，面向其下辖各开发区下达要求，"要求每一家开发区都必须与上海建立联系"；上海市领导高度支持盐沪合作	上海（市内各园区）和盐城

注：根据笔者调研，上海与江苏盐城由于历史上的友好关系（建国初期上海市的主要领导中许多都曾是在盐城驻扎的新四军），每年盐城市领导都要拜会上海市领导。上海市政府层面虽然没有出台正式政策，但是上海市领导对与盐城合作的支持要远大于对与其他地区的支持，曾表示上海进行产业转移，首先要考虑的就是盐城。截至 2016 年 1月，盐城已经有 11 个与上海合作的共建园，并且 4 个获江苏省批准成为省南北共建园。因此，本书将上海与盐城的跨省合作制度视为省内合作制度进行等值赋值。

（五）控制变量：成立时长，所在省份

共建园成立时长计算公式为，"共建园成立时长 = 2014 - 成立时间 + 1"。第四章案例研究发现，有的园区成立以来共建园治理模式相对稳定，有些进行调整，因此，需要控制合作时长对合作模式的影响。已有研究表明合作主体间的合作或冲突历史会影响现在的合作策略选择（Ansell and Gash，2008）。为减少数据缺失数量，成立时间统一为双方正式签署合作协议的年份；对于少量无法获知签约时间的共建园，以省级政府批准或开园时间（未被批准为省级共建园时）替代。

共建园所在省份分别设置 Jiangsu、Zhejiang 两个虚拟变量表示江苏、浙江、安徽三省，Jiangsu = 1 表示江苏省，Zhejiang = 1 表示浙江省，两个变量都为 0 时，表示安徽省。控制省份的原因，主要在于控制区位因素对合作模式的影响。

三　数据信息描述性统计分析

通过上述数据采集方式，获得包括 102 个共建园的有效数据（$N = 102$）。利用 Stata 10.0 进行描述性统计分析和相关性分析。

（一）描述性统计分析

对各变量的描述性统计分析结果如表 5-5、表 5-6、表 5-7 所示。

表 5-5　连续变量描述性统计分析

单位：年，公里

变量	有效数	平均值	标准差	最小值	最大值
收益预期	102	1.06	1.33	0.16	12.03
共建园成立时长	102	5.25	2.51	1	12
两地公路距离	102	286.35	126	12	591

表 5-6　定序变量描述性统计分析

单位：%

变量	有效数	1	2	3	4	5
合作模式	102	27 (26.47)	31 (30.39)	10 (9.80)	12 (11.76)	22 (21.57)

注：括号内数据为所占比重。

表 5-7　分类变量描述性统计分析

单位：%

变量	有效数	1	0
交易成本（跨省与否）	102	46 (45)	56 (55)
制度推力	102	62 (61)	40 (39)
共建园所在省份（江苏省）	102	65 (64)	37 (36)
共建园所在省份（浙江省）	102	16 (16)	86 (84)
共建园所在省份（安徽省）	102	21 (21)	81 (79)

注：括号内数据为所占比重。

（二）相关性分析

各变量的相关性系数矩阵显示在表 5-8 中。从结果看，被解释变量"合作模式"与解释变量"收益预期"相关性较高，与"制度推力"和"交易成本"相关性不显著，可能与本书前文研究中发现的变量调节作用相关。

表 5 − 8　相关系数矩阵

	合作模式	收益预期	交易成本	制度推力	合作时长	江苏省	浙江省	安徽省
合作模式	1							
收益预期	0.25 **	1						
交易成本	0.01	0.06	1					
制度推力	− 0.06	− 0.25 **	− 0.40 ***	1				
合作时长	0.18 *	0.17 *	0.03	0.05	1			
江苏省	− 0.16	− 0.06	− 0.05	0.15	0.46 ***	1		
浙江省	0.06	0.11	− 0.01	0.02	− 0.30 ***	− 0.57 ***	1	
安徽省	0.13	− 0.03	0.08	− 0.19 *	− 0.28 ***	− 0.68 ***	− 0.22 **	1

注：* 表示显著性水平，* $p < 0.10$，** $p < 0.05$，*** $p < 0.01$。

　　同时，从自变量间关系看，"交易成本"和"制度推力"显著相关由样本本身特点决定，本书中"交易成本"以"是否跨省"来测量，同时"制度推力"也多数是由同一省政府提供的，即更容易发生在同一省内；另外，"收益预期"与"制度推力"存在显著负相关关系。为避免多重共线性，在检验调节效应模型中采用变量标准化方式，同时在后续模型中采用兰草（2012：238 ~ 241）介绍的方差膨胀因子判定法，发现相关模型并不存在高度多重共线性。从控制变量来看，"合作时长"与"合作模式"显著相关。总体来看，相关系数矩阵基本支持研究假设，"交易成本"和"制度推力"对"合作模式"的调节作用待检验。

<h2 style="text-align:center">第三节　计量分析</h2>

　　本章的待检验假设共4个，由于因变量为定序变量，有 1 ~ 5 五个定序类别，因此没有采用 Probit 分析而是采用普通的回归技术（刘兰剑，李玲，2018：158），即多元线性回归方法。鉴于本书用于定量研究的基础数据是研究者根据地方政府网站、共建园网站以

171

及官方媒体报道、调研等多个公开渠道整理所得；同时，作为一项探索性研究，变量的测量仍有待优化，尽管笔者通过采用二人同时收集、不同来源数据相互验证等方式提高数据质量，但数据本身仍然不可避免地可能存在误差及偏差，导致异常数值的产生。考虑到经典最小二乘原理（OLS）对异常值非常敏感、抗差性较弱，本书采用稳健回归方法（Robust Regression），以提高估计的可靠性和抗差性。

调节变量检验，采用层级回归方法（陈晓萍、徐淑英、樊景立，2008：322～322）。当自变量和调节变量都是0-1变量时，运用交互效应方差分析（ANOVA）方法（温忠麟、刘红云、侯杰泰，2002：83）。

本书使用的软件是 Stata 10.0。

一　对合作模式决定机制相关假设的检验

（一）收益预期对合作模式的影响

根据本书理论框架，收益预期在区域合作中发挥基础驱动作用。首先将验证以下假设：

H3：发达地区对区域合作的收益预期越高，越有利于双方开展深入区域合作。

模型 I 的因变量为合作模式，只包含控制变量为合作时长、江苏省、浙江省；模型 II 的因变量为合作模式，自变量为收益预期，控制变量为合作时长、江苏省、浙江省。

进行回归分析前，需要先对回归方程进行多重共线性检验和异方差检验。多重共建性检验采用兰草（2012：238～241）介绍的计算方差膨胀因子 VIF 的方法，通过检验，模型 I 和模型 II 的 VIF 值分别为 1.49 和 1.41，均小于门槛值 10，不存在多重共线性问题；异方差检验，本书采用 Breusch-Pagan 来检验异方差，即检查标准化残差的平方是否与 $\hat{y}$ 存在线性相关来检验误差方差相等的假设，原假设为同方差，模型Ⅰ和模型Ⅱ的 p 值分别为 0.79 和 0.99，大于 0.05，由此判定不存在异方差。由于数据为非时间序列数据，不存在序列相关问题。

回归分析结果展示在表 5－9 中。首先，模型Ⅰ与模型Ⅱ的对比证实假设 3，显示收益预期对合作模式的正向影响，即发达地区由于土地资源约束而对合作产生的收益预期越高，共建园所在地政府让渡给其的园区治理权利越多，双方协力程度越高。加入收益预期因素后，收益预期对合作模式的正向影响非常显著（通过 0.001 的显著性水平检验）。调整后的拟合度（Adj－R^2）从模型Ⅰ中的 0.08 上升到模型Ⅱ中的 0.10。假设 3 通过检验。

表 5－9　收益预期对合作模式的影响

	被解释变量：合作模式	
	模型Ⅰ	模型Ⅱ
	基础模型	收益预期模型
收益预期（标准化系数）		0.21 ** (0.19)
合作时长（标准化系数）	0.19 *** (0.32)	0.16 ** (0.27)
江苏省（标准化系数）	－0.98 ** （－0.31）	－0.91 ** （－0.29）
浙江省（标准化系数）	－0.08 （－0.02）	－0.18 （－0.04）
常数项	2.36 ***	2.29 ***
N	102	102
R^2	0.10	0.14
Adj－R^2	0.08	0.10
F 值	3.80	5.42

注：括号中为标准化系数，* 表示显著性水平，* $p<0.10$，** $p<0.05$，*** $p<0.01$。

此外，江苏省的回归系数在模型Ⅰ、模型Ⅱ中都显著为负，而浙江省的系数则不显著。这一方面可能与两省产业特点、地方政府行为特点或地区文化关联。改革开放以来，江苏省成为外资热点投资区域，各级地方政府致力兴建各类产业园、申请上级政府优惠政策，吸引外商产业资本，开发区是地方发展经济的重要平台，而浙江省的民营经济蓬勃发展，政府在经济发展中作用较弱；在推动共建园建设的政策上，江苏省政府的支持力度也大于浙江省的。根据第四章案例，发达方对合作的收益预期较低时，如果只是完成上级政治任务，并不希望在共建园建设中过多承担园区发展职责，导致大批合作程度较低的共建园出现。

（二）交易成本对合作模式的影响

本部分将重点讨论由行政区划分割带来的交易成本对合作模式的影响。此处的行政区划边界主要指省际边界。待检验假设为：

H4：行政区划分割导致的交易成本较高时，将阻碍双方开展深入合作。

该假设认为交易成本与合作项目中发达地区获得的权利分配负相关。

本书采用层级回归法检验行政区划边界带来的交易成本的阻碍作用，包括三个模型。模型Ⅰ的因变量为测量合作模式的权利分配，自变量为收益预期；模型Ⅱ的因变量为测量合作模式的权利分配，自变量为交易成本；模型Ⅲ的因变量为测量合作模式的权利分配，自变量为收益预期、交易成本。三个模型的控制变量均为合作时长、江苏省、浙江省。

进行回归分析前，需要先对回归方程进行多重共线性检验和异方差检验。根据兰草（2012：238~241）介绍的方法，模型Ⅰ、模型Ⅱ、模型Ⅲ的VIF值分别为1.41、1.38、1.33，不存在多重共线性问题；异方差检验时采用了Breusch-Pagan检验，三个模型的p值分别为0.99、0.76和0.94，大于0.05，由此判定不存在异方差。表5-10展示主要实证分析结果。

表 5-10 交易成本对合作模式的影响

	被解释变量：合作模式		
	模型 I 收益预期模型	模型 II 交易成本模型	模型 III 收益预期加交易成本模型
收益预期 （标准化系数）	0.21 ** (0.19)		0.22 ** (0.19)
交易成本 （标准化系数）		− 0.04 (− 0.01)	− 0.07 (− 0.02)
合作时长 （标准化系数）	0.16 ** (0.27)	0.19 *** (0.31)	0.16 ** (0.27)
江苏省 （标准化系数）	− 0.91 ** (− 0.29)	− 0.98 ** (− 0.31)	− 0.92 ** (− 0.29)
浙江省 （标准化系数）	− 0.18 (− 0.04)	− 0.08 (− 0.02)	− 0.18 (− 0.04)
常数项	2.26 ***	2.38 ***	2.29 ***
N	102	102	102
R^2	0.14	0.10	0.14
Adj − R^2	0.10	0.07	0.09
F 值	5.42	2.87	4.32

注：括号中为标准化系数，∗表示显著性水平，$^*p<0.10$，$^{**}\ p<0.05$，$^{***}p<0.01$。

模型 I 显示收益预期对权利分配的正向影响，模型 II 中单独加入交易成本，但其系数并不显著，而且模型调整后的拟合度（Adj − R^2）低到 0.07，模型 III 将交易成本与收益预期同时加入，收益预期的系数显著，交易成本的系数仍然不显著，整个模型的 Adj − R^2 回升到 0.09，说明收益预期仍然发挥主要作用，交易成本对权利分配的直接影响甚微。H4 没有通过检验。

这一结果证明，行政区划边界分割产生的交易成本对区域合作的阻碍作用固然存在，但是由于两地基于资源互补的收益预期仍然发挥主要作用，体现市场在资源配置中的决定性作用。当市场力量足够大时，将冲破行政区划边界，促进横向政府之间进行产权调整的合作。而为降低交易成本，合作主体间也会进行相应组织调整，实践中，横向政府间通过共派人员组成共建园管委会、共同出资注册园区开发公司，由园区开发公司来经营园区，就是以市场化方式克服交易成本方面问题的有利尝试。

本书同时也做了进一步探索。根据交易成本的取值（是否跨省），将数据分为两组，分别绘制散点图并绘出拟合直线。图 5 - 2 显示，跨省合作相比同省合作，收益预期影响权利分配的斜率更大，意味着跨省合作时，权利分配程度代表的合作模式对由资源约束产生的收益预期更为敏感。

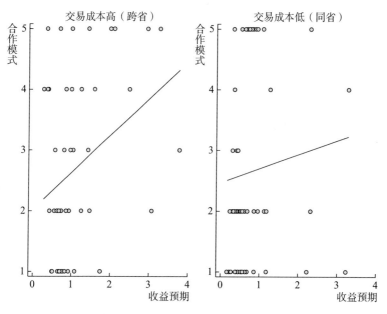

图 5 - 2　跨省合作和同省合作时收益预期对合作模式的影响

注：为表现平均水平及绘图方便，本图绘制时去除了收益预期偏离均值（1.06）较大的江阴—靖江园区（收益预期为 12.03），根据剩余的 101 个园区数据绘制本图；但两种情况下两条直线的斜率对比情况基本一致。

那么，为什么会出现这样的结果呢？可能的解释有两种。第一种解释是市场驱动论。行政区划边界分割带来的交易成本对区域合作的阻碍作用固然存在，但是当收益预期非常高时，收益预期的力量将冲破行政区划边界，促进横向政府之间进行产权调整的合作。而且由于这种合作受自上而下的干预更少，受经济利益的驱动更大，受政治干预更少，因而更容易体现经济利益需求，因此显示出跨省合作时，收益预期在推动横向权利分配中发挥的作用更大。

第二种解释是样本本身的问题。行政区划边界带来的制度性阻碍，为跨省合作的发生及跨省深度合作设定了门槛。因此导致样本中，异地政府参与跨省合作时的收益预期水平要高于同省合作时，也更倾于开展更多深层合作，而同省合作时更容易受到省政府施加的政治压力而开展帮扶式的浅层合作，从而导致同省合作时的整体收益预期低，平均权利分配水平较低。

（三）制度推力的调节作用

1. 收益预期与合作模式

本部分将讨论推动横向合作的制度推力对共建园所在地政府向异地政府分配治理权利的影响。待检验假设为：

H5：制度推力将发挥调节效应，强化收益预期对区域合作中权利分配的推动作用。

本书通过层级回归来检验上级政府通过区域政策施加的制度推力的调节作用。模型Ⅰ的因变量为合作模式，自变量为收益预期；模型Ⅱ的因变量为合作模式，自变量为收益预期、制度推力；模型Ⅲ的因变量为合作模式，自变量为收益预期、制度推力及两者交叉项。三个模型的控制变量为合作时长、江苏省和浙江省。

进行回归分析之前，需要先对回归方程进行多重共线性检验和异方差检验。由于本书数据为非时间序列数据，因此不检验序列相关性问题。多重共建性检验采用兰草（2012：238～241）介绍的计算方差膨胀因子 VIF 方法，通过检验，模型Ⅰ、模型Ⅱ、模型Ⅲ的 VIF 值分别为 1.41、1.55、1.56，不存在多重共线性问题；异方差检验，采用了 Breusch-Pagan 检验，三个模型的 p 值分别为 0.99、0.99 和 0.81，均大于 0.05，由此判断不存在异方差。

回归结果显示在表 5-11 中。模型Ⅰ为收益预期影响权利分配的基础模型。模型Ⅱ将制度推力代入模型，制度推力的系数不显著，显示其可能成为调节变量。如果一个变量与自变量或因变量相关不大，它不可能成为中介变量，但可能为调节变量，理想的调节变量与自变量和因变量的相关性都不大（温忠麟、刘红云、侯杰泰，2002：89）。

表 5 – 11　制度推力的调节作用检验（增强收益预期）

	被解释变量：合作模式		
	模型 I 收益预期模型	模型 II 收益预期加制度推力模型	模型 III 调节效应模型
收益预期 （标准化系数）	0.21 ** (0.19)	0.21 ** (0.19)	0.15 ** (0.13)
制度推力 （标准化系数）		− 0.03 (− 0.01)	0.03 (0.01)
标准化后的收益预期 和制度推力的乘积项 （标准化系数）			0.56 * (0.14)
合作时长 （标准化系数）	0.16 ** (0.27)	0.16 ** (0.27)	0.17 ** (0.29)
江苏省 （标准化系数）	− 0.91 ** (− 0.29)	− 0.91 ** (− 0.29)	− 0.86 ** (− 0.27)
浙江省 （标准化系数）	− 0.18 (− 0.04)	− 0.17 (− 0.04)	− 0.08 (− 0.02)
常数项	2.26 ***	2.27 ***	2.26 ***
N	102	102	102
R^2	0.14	0.14	0.15
$Adj - R^2$	0.10	0.09	0.10
F 值	5.42	4.33	6.37

注：括号中为标准化系数；＊表示显著性水平，$* p < 0.10$，$** p < 0.05$，$*** p < 0.01$。

模型 III 中，先将收益预期标准化[①]，再构造其与制度推力的乘积项加入模型，以减小回归方程中变量间多重共线性，从回归结果

① 在进行基于多元回归的调节效应分析中，有对自变量和调节变量进行标准化和中心化两种方式。Hayes（2015/2013）证明，两种方法将都得到相同的调节效应检验结果，主要表现为自变量、调节变量和乘积项的回归系数的显著性检验的 t 和 p 值相同；对自变量和调节变量进行中心化和标准化都能减少非本质的共线性，表现为自变量、调节变量和乘积项的 VIF 值相同。

来看，调整后的 R^2 从 0.09 增大为 0.10，制度推力与收益预期的交互项在 10% 的显著性水平上显著（$p = 0.07 < 0.10$），制度推力的调节效应假设通过检验。同时，由于乘积项与收益预期同为正值，显示制度推力是增强型调节变量。因此，制度推力的正向调节作用假设即 H5 通过检验。意味着上级政府推动横向合作时，在收益预期驱动下，异地政府将会获得更多当地政府让渡的治理权利。第四章的理论和案例部分，也显示制度推力可以通过提供优惠政策，提高合作主体对区域合作的收益预期，也可帮助降低合作可能面临的交易成本，为更深层合作扫清障碍，即在有制度推力时，同一程度的收益预期增强促使两地开展更深层区域合作。

2. 交易成本与合作模式

本部分要检验的假设是：

H6：制度推力将发挥调节效应，减弱交易成本对区域合作中权利分配的阻碍作用。

然而，在前文对交易成本进行检验时，显示交易成本对权利分配的阻碍作用在统计上并不显著。根据调节变量的概念，调节变量建立在自变量与因变量的关系之上，如果没有这个关系前提，那么也就不必讨论第三个变量的调节效应（陈晓萍、徐淑英、樊景立，2008：317）。因此，再去检验在制度推力存在情况下，交易成本对权利分配的影响大小就没有意义。本假设不成立。

尽管如此，本书仍然按照调节变量的检验方法进行检验。由于制度推力与交易成本都是 0 - 1 变量，因此采用交互效应方差分析（温忠麟、刘红云、侯杰泰，2002：86），来检验调节作用。结果显示在表 5 - 12 中，证明交易成本和制度推力的作用都不显著（p 值分别为 0.39 和 0.83），表明 H6 不成立。

表 5 - 12　制度推力的调节作用检验（减小交易成本）：双因素方差分析

$N = 102$	$R^2 = 0.01$
误差均方根 = 1.52	$\text{Adj} - R^2 = -0.01$

续表

模型	N = 102			$R^2 = 0.01$		
	离差平方和	自由度	均方	F 值	p 值	
	1.78	2	0.89	0.39	0.68	
制度推力	1.74	1	1.74	0.75	0.39	
交易成本	0.11	1	0.11	0.05	0.83	
残差	228.97	99	2.31			
总和	237.75	101	2.28			

为什么制度推力在帮助降低行政区划带来的交易成本、促进深度合作中没有发挥作用呢？可能的解释是，行政化的政策资源分配机制与市场化的经济资源配置机制发生冲突。虽然本书讨论的共建园是发达地区与欠发达地区的合作，但是发达地区未必已经有较强的经济外溢需求，即由于受到土地资源约束而需要通过区域合作来帮助辖区企业进行生产扩张，或者推动某些土地利用率较低的产业对外转移。因此，就出现市场需求与行政力量作用对象的偏离：由省级政府通过政策安排推动建立的共建园未必是由资源互补较强的两地共建，因而发达地区收益预期较低，权利分配较少；而由于土地资源约束引起的资源互补性较强的两地之间，可能由于行政体制限制，即不是同省挂钩或盐沪挂钩（盐城与上海的定向合作）对象，只能或不能从纵向科层体制中获得有限政策支持。

二　回归分析结果汇总

综合上述对区域合作模式选择的回归分析，假设检验结果如表 5-13 所示。

表 5-13　定量分析结果汇总：合作模式选择

序号	研究假设	结果
H3	发达地区对合作的收益预期越高，越有利于双方开展深入区域合作	通过检验

序号	研究假设	结果
H4	行政区划分割导致的交易成本较高时，将阻碍双方开展深入区域合作	未通过检验
H5	制度推力将发挥调节效应，强化收益预期对区域合作中权利分配的推动作用	通过检验
H6	制度推力将发挥调节效应，减弱交易成本对区域合作中权利分配的阻碍作用	未通过检验

第四节　小结：多元影响因素的异质性作用

本章以长三角地区102个跨省或跨地级市横向地方政府（含开发区）共建的产业园为分析样本，对前文中提出的假设进行了检验。定量结果表明，收益预期、交易成本和制度推力在影响区域合作模式选择时发挥不同作用。

发达地区地方政府对合作的收益预期，对推动横向政府间开展深入合作发挥着最主要作用。这种预期正是基于经济发达地区与欠发达地区的要素资源互补产生的，地方政府需要回应企业资源需求，以提高其在经济增长市场上的绩效水平。地方政府对区域合作的收益预期越高，越倾向开展更深层区域合作。

行政区划边界分割产生的交易成本对横向政府间展开深入合作的阻碍作用固然存在，但统计上并不显著。由于两地基于资源互补的收益预期仍然发挥主要作用，体现市场在资源配置中的决定性作用。当收益预期足够高时，地方政府自发采取"避行措施"。当市场力量足够大时，将冲破行政区划边界，促进横向政府间进行产权调整合作。实践中，为降低交易成本，合作主体间也会进行相应组织调整。

上级政府施加的制度推力将发挥调节效应。当优惠政策、政治支持的制度推力存在时，收益预期将会发挥更大作用以促进更深层合作。也就是说，行政化的政策资源分配机制将有利于促进市场化的经济资源配置机制形成。因此，上级政府的制度干预机制是对市场机制的有益补充。然而，现实中政策资源的纵向行政化分配与横向政府间整合要素资源的市场化需求的不一致，可能会削弱上级政府促进深度区域合作时可以发挥的作用。定量分析显示，制度推力虽然会显著强化收益预期对权利分配的推动作用，但是显著性水平不高（在10%的显著性水平上通过检验）。

本书也揭示，上级政府的制度推力，应是提供引导性政策，以提升合作预期及扫清深度合作时的障碍。否则，上级政府非但不能有效促进深入合作，甚至可能削弱市场机制对区域合作的基础性促进作用，强政府行政干预将导致弱权利分配回应，造成财政资源和土地资源浪费。

第六章　结论与启示

第一节　主要结论

长期以来，在经济发展领域，我国地方政府间呈现"为增长而竞争"态势，然而，近年来，却出现越来越多的"为增长而合作"现象，这是本书致力解释的现实问题。

本书从新制度经济学理论视角出发，将区域合作从理论上界定为跨区域横向地方政府间通过产权关系调整对区域资源"控制权"进行交易或转移的制度安排，根据"稀缺—依赖—秩序"的理论逻辑，关注资本和土地这两个基本经济发展要素，构建理论分析框架。结合我国经济快速发展带来土地资源约束增强的现实背景，基于对无行政隶属关系的横向地方政府跨行政区划在一方境内合作设立的共建园的分析，研究地方政府参与合作的激励机制及合作模式的选择机制。在实地调研及数据资料收集基础上，采用定性与定量相结合的混合研究方法，得出一系列结论。

总结论：在我国特色的央地分权体制下，地方政府间并不必然会相互竞争，当发展条件发生变化时，合作也将成为其理性选择。本书基于共建园的研究揭示，土地资源约束增强时，为提高资源利用效率、扩大财政收入，地方政府间从原本各自独占辖区土地控制权、吸引流动性产业资本的竞争对手，转变为跨域灵活共享土地控制权及其利益、引导产业梯度转移的合作伙伴。

总结论建立在以下分步骤研究结论基础上。

结论一： 推动区域合作出现的激励机制是，经济发达地区面临的土地资源约束增强，使地区间形成资源互补关系，引发地方政府间对通过合作提高土地利用效率的收益预期。在收益预期驱动下，地方政府从独立拥有辖区土地控制权的产权独占，调整为合作开发土地资源、跨域分配发展收益的产权共享。

首先，土地资源约束增强，使地区间从资源互竞转向资源互补。经济快速发展使发达地区的土地资源约束增强，当地政府通过提高辖区单位面积投资强度、调整产业结构，将土地向经济回报率高（税收产出率高）的产业配置。发达地区由于土地资源约束增强面临经济外溢压力，与土地资源充裕但资本短缺的地区产生资源互补关系。

其次，地区间资源互补使地方政府间产生通过区域合作提高土地利用效率的收益预期。对发达地区而言，合作将使其扩展经济发展空间，通过推动产业梯度转移，支持辖区产业结构调整；而对欠发达地区而言，发达地区地方政府利用其所具备的招商引资能力参与当地土地开发，有助于其提升招商引资绩效，批量获得产业资本。

结论二： 区域合作模式是横向政府间对权力划分和利益分配做出规定的制度化安排，是实现跨域共享发展的秩序和方式。影响模式生成的因素为地方政府对合作的收益预期、由行政区划分割导致的交易成本和上级政府的制度推力。

（1）在基于共建园的分析中，合作模式体现为地方政府间对土地控制权的差异化分配安排，核心是对园区土地一级开发和二级开发的职责及其收益进行分配。根据欠发达地区向发达地区从高到低让渡土地控制权的程度，将合作模式分为三种：深入合作的托管模式、中度合作的招商模式、浅层合作的帮扶模式。

首先，一级开发与二级开发在权利分配上有明显差异，构成模式划分的分界线。共建园开发过程包括一级开发和二级开发两个过程：前者进行基础设施建设，获得土地出让金和税收分成；后者主要包括产业载体规划建设、招商引资、园区服务，获得税收分成、招商奖励和园区经营收入。根据开发区成长特点，园区建成初期处在大规模建设和招商阶段，主要收入来源是土地出让金，后期随着园区开发不断成熟，新增厂房和房地产租售收入、其他资产运营业务收入、园区服务收入和税收分成收入等才会逐渐稳定。因此，获得土地出让金分成的一级开发，成为两地的分配焦点。

其次，区域合作中横向政府间进行权力划分和利益分配，具有相对一致性。由于没有正式法律和制度安排，更多依靠各地方政府间自主协商。双方对合作模式进行自主选择和动态调适，以保证合作持续。

（2）合作模式选择中，发达地区地方政府对合作的收益预期，对推动深入区域合作发挥着基础性作用；由行政区划分割导致的交易成本，对合作深入开展产生阻碍作用。本书总结了三种合作模式的选择机制：当发达地区对合作带来的收益有较高预期时，如果交易成本较小，采用深入合作的托管模式；当发达地区对合作收益有较高预期，但面临较高交易成本时，采用中度合作的招商模式；当发达地区对合作收益的预期较低或认为无利可图时，无论交易成本高低，都采用浅层合作的帮扶模式。

第一，发达地区对区域合作的收益预期越高，越有利于双方开展深入合作。由于两地政府在进行园区开发时，具备不同的优势，发达地区在经济发展过程中，积累了丰富的招商引资经验及形成了巨大的招商网络，同时与辖区待转移企业存在信任关系。因此，发达地区对合作的收益预期越高，越倾向更多分享园区开发权利，发挥其具备的园区开发优势，帮助共建园吸引产业资本。

第二，行政区划分割导致较高的交易成本时，将阻碍双方开展深入区域合作。风险保障机制缺乏、行政审批权的属地化分配，为深入合作设置制度性阻碍，增加区域合作中的交易成本。

（3）合作模式选择中，上级政府推动合作的制度安排，发挥调节作用。制度推力通过强化收益预期的推动作用，及减弱交易成本的阻碍作用，促进两地深入区域合作。

当提供优惠政策、财政补贴和政治支持等政策工具的制度推力存在时，地方政府基于资源互补和市场需求而产生的收益预期将发挥更大作用，以促进更深层合作。行政化的政策资源分配机制有助于促进形成市场化的经济资源配置机制。但是，现实中政策资源的纵向行政化分配与横向政府间整合要素资源的市场化需求不一致，可能会制约上级政府的制度推力对深入合作的促进作用。定量分析显示，制度推力虽会显著强化收益预期对权利分配的推动作用，但显著性水平不高。同时，上级政府推动合作的制度安排，为双方开展深入合作提供风险保障及沟通协调便利，为较高预期下双方深入合作减少障碍。

结论三：在现有央地关系形成的经济增长市场中，由于发达地区的资源约束，横向政府间从竞争转向合作过程中，政府与市场的柔性互动关系形成。一方面，区域合作帮助企业降低跨区域布局时面临的转出地政府阻拦转出或对转入地环境不熟悉、对政府不信任等导致的交易成本，使市场力量在推动资本跨区域流动时发挥更大作用。另一方面，地方政府并非市场力量的被动适应者，而是发挥在经济发展中根据市场需求主动引导企业跨区域有序转移的作用。

首先，市场力量使地方政府之间资源保有水平分化。经济集聚过程中，发达地区拥有充裕产业资本及积累了丰富招商引资经验，但是土地资源约束加强，而欠发达地区反之。

其次，市场中企业跨域转移、进行区域布局的行为，是原本相互竞争的地方政府间对区域合作产生收益预期的基础。地方政府需要通过整合各自优势发展资源，引导产业有序转移，促进辖区经济增长。

最后，从合作模式选择上，地方政府顺应产业转移需求，根据各自比较优势选择权利分配的制度安排，即欠发达地区向发达地区进行土地控制权让渡，由发达地区负责全部或部分园区开发，以发挥其在招商引资中具备的优势，而欠发达地区则负责提供土地资源。

经济学意义上，这一过程反映出市场机制作用下，政府主动推动经济扩散的现象，修正已有学者在描绘中国经济发展特点时提出的"双层经营体制"——地方政府对整个辖区的统一经营与私人企业分散经营相结合的经济体制（张五常，2008）。研究发现，当面临土地资源约束时，地方政府间会从独立经营各自辖区向联合经营转变，即从独自进行辖区资源经营，向协力进行资源经营转变，以最大限度提高辖区总产出和地方财政收入；而第二层的私营企业（包括外资企业）作为市场经营主体，利用多个地方政府提供的土地、基础设施、投资环境等经营条件，开展各自的经营活动，并向政府缴纳土地租金及税收，这些收益最终由横向政府间协商分配。

第二节　理论探讨

一　从"为增长而竞争"到"为增长而合作"

在关于我国地方政府行为或区域发展的研究中，地方政府"为增长而竞争"是较为流行的理论观点。这一理论认为，我国的央地分权体制，使地方政府间形成以相互竞争推动经济增长的行为特点。本书认为，分权体制本身并非竞争产生的原因，其原因是地方政府推动经济增长最大化、实现财政利益最大化的目标定位。现有体制下，地方政府享有剩余索取权和资源控制权，拥有地方产权，而行政区划边界则设置了地方政府间的产权边界。因此，现有产权安排本身为地方政府提高经济发展效率提供内在激励。随着经济发展及地区发展差距扩大，行政区划间出现的非流动性土地资源保有量差异，使横向地方政府产生通过合作提升增长效率的收益预期，从而引发"为增长而合作"现象。

此外，传统讨论地方政府行为特征的观点认为，流动性资源短缺使财政分权体制下面临财政硬约束的地方政府间相互竞争，表示为"纵向分权→横向竞争→经济增长"。本书证实，非流动性资源短缺将使地方政府间展开区域合作跨域共享发展，即表示为"纵向分权→土地资源约束→横向合作→经济增长"。

二　从"极化效应"到"扩散效应"

经济发展理论中，提出经济集聚和经济扩散两个过程，认为市场力量在发挥极化效应扩大区域发展差距的同时，也将随着区域收入差距扩大而发挥扩散效应。Williamson（1965）提出的倒 U 理论认为，在经济欠发展的时点上，区域经济不均衡程度较低；在经济开始起飞的初期阶段，区域差距逐渐扩大；当经济发展进入成熟阶段，随着区域统一市场的形成，劳动力成本差距扩大，发达地区投资收益递减，资本等生产要素向欠发达地区流动，区域差距趋于缩小。后来的学者也继承这一思想，认为经济增长到一定时期后，带来企业的生产成本过高，区域扩散效应将会发生，推动区域经济合作的产生。然而，改革开放至今，我国的区域发展差距不断扩大。此外，尽管收入差距扩大带来的劳动力成本差距扩大，使资本向劳动力成本低的区域转移，但政府行为与企业行为并不保持一致——劳动力成本变化并不足以让政府也推动经济扩散。

本书发现，当发达地区面临的土地资源约束增强时，为推动产业转型升级、实现经济结构调整，会主动与欠发达地区合作，推动经济扩散；而这一过程的发生，以市场经济体制不断完善为基础，即企业在市场力量驱动下的空间布局行为，为地方政府间相互合作提供交易内容和利益分配依据。由此体现，在从原有的行政区划经济向区域经济的转化过程中，政府和市场共同发挥作用。

三　从纵向"行政推动"到横向"跨域治理"

西方学者基于欧美国家地方政府提供公共服务的实践，提出以新区域主义为主要内涵的跨域治理理论，强调通过在利益主体间建立平等合作的伙伴关系，解决刚性利益矛盾冲突，对不同主体拥有的资源进行有效整合，以实现治理目标。本书从新制度经济学视角出发，基于我国地方政府间通过共建产业园整合土地控制权的实践，显示中国语境下区域合作从依靠科层体制自上而下进行的上级政府"行政推动"，转变为围绕资源控制权及相应的利益关系，利益主体间自主协商进行权利重新分配的"跨域治理"。

第三节　政策启示

一　上级政府推动区域经济合作需契合当地发展需求

只有当下级政府基于发展资源互补对合作产生较高收益预期时，上级政府的制度供给才能发挥推动作用；否则，在收益预期较低时，由上级政府通过合作政策强力推动，只能削弱市场力量在资源配置中的决定性作用，造成政府行政资源和经济资源的浪费，而不能有效推动横向政府间区域合作。简言之，行政力量的发挥，以市场力量为基础。

二　区域经济合作政策应注重减少制度障碍

推动区域经济合作的政策，应由以行政指令推动指定地区间合作的个性化政策，转变为提供共性化的制度保障，为合作减少制度障碍。

（1）建立行政权力异地让渡机制，以推动区域合作的深入开展。由于当地政府享有行政审批权，异地政府在当地执行合作事务时需要与当地政府进行大量沟通交流工作，甚至出现当地政府行政干预原本约定由异地政府承担的发展职责，阻碍横向政府间深入合作的展开。

（2）优化跨域利益分配机制。建立经济增长绩效、财税收入绩效的异地统计制度，以保障跨行政区划边界的横向政府间更好地共享发展成果。当前体制下的 GDP 增长、财税收入绩效均按属地化原则计入当地政府，尽管现实中横向地方政府间探索了以市场化方式分配直接经济收益，但是在当前以增长绩效为主的考核方式下，增长绩效的异地分配受阻，仍然降低了异地政府参与合作的积极性。

（3）完善区域合作风险保障机制，以避免由于行政区划分割带来的合作风险增大，甚至合作运行受阻。由于缺乏区域合作的相关制度保障，现实中一方政府由于主观或客观原因违背合作协议的情况时常出现，特别涉及跨省的合作时，并无有效的制度解决途径，只能借助地方官员的非正式渠道进行调解，阻碍双方的深入合作。

三　区域合作的可持续有赖于"内生性"利益创造或"外生性"利益供给

本书尽管讨论的是经济发展领域的区域合作，但对一般性的区域合作仍然有借鉴意义。经济发展领域的区域合作，基于地方政府对各自资源优势的协力整合，本身具备"内生性"利益创造功能，成为利益分配主要来源，为合作提供内生性利益增进激励。然而，对环境保护等方面更多不涉及明显经济产出、体现"消费性"的区域合作，则需拓宽利益来源渠道，进行"外生性"利益供给，如设立基金或上级政府的财政转移支付，以保障利益来源、提升合作激励。

第四节 研究创新

一 理论创新

首先，本书关于"为增长而合作"的研究分析不仅揭示了竞争并非地方政府促进经济增长的唯一面向，而且丰富了地方政府行为研究的理论内涵。

其次，本书补充了经济发展理论中对扩散效应的讨论。本书对面临资源约束时地方政府行为的研究，对探索社会主义市场经济体制下，市场力量如何推动地方政府合作以及地方政府在经济扩散中如何发挥作用，进行了实证分析。

最后，本书基于中国语境下的区域合作讨论，有助于完善国际区域合作理论最新演进中原本发端于西方国家的新区域主义理论。新区域主义属于区域合作理论的一个理论流派，代表区域合作从行政向治理转变的理论和现实，它主要基于西方国家的特点研究不同政府单位在公共服务或基础设施建设方面的合作，相对较少涉及产业或经济发展方面的合作问题。本书通过讨论具有发展型政府特征的中国地方政府间在经济发展领域的区域合作实践，分析了中国语境下横向地方政府间由无行政隶属关系的行政主体间关系、相互竞争的经济体间关系转变为通过协作网络关系来实现合作共赢的平等伙伴关系的内在逻辑过程，并进行实证分析。

二 方法创新

本书在研究方法上的可能创新包括以下两方面。

首先，本书以跨域共建产业园为研究样本，涉及省、市、区县等不同级别行政单位在跨域经济生产活动中的互动，弥补以往研究因受数据、样本限制而只研究省、市政府共同制定经济发展政策或进行基础设施共建等问题的不足。

其次，本书对区域合作模式的分析深入横向政府间的权利分配关系，这也是区域合作的本质；此外，基于对跨域共建园的调研访谈和统计分析，对权利分配程度进行测量并提升测量精度，弥补了以往研究中对合作只能通过"是"或"否"来测量、合作模式只能停留在组织结构的描述上之不足。

第五节　不足与展望

跨域共建产业园是 2003 年以后出现的区域合作新现象，处于持续发展中。由于数据的局限性，本书在区域合作模式选择的定量研究部分只分析了 2014 年及以前建立的 102 个共建园数据。对个别共建园的调研中发现，从共建园建立至今，合作模式可能发生过调整，但笔者并不能及时获得这些调整信息，只能以公开渠道可获知的合作模式现状为准。今后研究中，希望能通过访谈、问卷等方式，对合作模式的演变过程进行分析。

此外，由于数据获取受限，本书在定量研究中，对合作收益预期的测量采用通过两地土地投资强度和距离而进行的间接测量，期待今后可以通过问卷访谈等方式，进行直接测量。同时，对行政区划分割造成的交易成本测量仍有待优化。

附录一　访谈对象概览

时间	访谈单位	访谈方式及受访人数	访谈主题
2012 年 3 月 5 日	长三角 C 省 d 商务区	群组访谈，4 位	商务区功能定位及与周边地区的竞合策略
2012 年 3 月 6 日	江苏昆山市发展和改革委员会	群组访谈，3 位	上海与昆山的合作与竞争
2012 年 6 月 29 日	上海社会科学院	群组访谈，4 位	长三角地区的区域合作演变；上海与周边地区的关系；异地共建园发展
2012 年 6 月 30 日	上海社会科学院	群组访谈，3 位	
2012 年 7 月 2 日	江苏太仓高新区	群组访谈，2 位	太仓与上海的产业合作；太仓与连云港的合作
2012 年 7 月 3 日	长三角 C 省 d 商务区	群组访谈，2 位	商务区建设现状及对周边其他商务区的应对战略
2012 年 11 月 5 日	长三角园区共建联盟	单独访谈，1 位	长三角异地共建园发展
2012 年 11 月 5 日	长三角 A 省 q 商务区	群组访谈，2 位	商务区功能定位及与周边地区的竞合关系
2012 年 11 月 5 日	长三角 A 省 省委办公厅	单独访谈，1 位	A 省产业转型及异地共建园发展
2012 年 11 月 5 日	上海市政府合作交流办公室	单独访谈，1 位	上海异地共建园的发展
2012 年 11 月 5 日	长三角园区共建联盟	单独访谈，1 位	联盟的建设情况及功能
2012 年 11 月 6 日	上海市开发区协会	群组访谈，3 位	上海市工业园的转型升级与园区"走出去"；典型案例介绍
2012 年 11 月 6 日	长三角 A 省 a 开发区	群组访谈，4 位	a 开发区与浙北、苏北基于共建园的合作

时间	访谈单位	访谈方式及受访人数	访谈主题
2012年11月6日	长三角A省j工业区	群组访谈，4位	j工业区苏北某县的共建园发展情况
2012年11月7日	长三角C省c市国土资源局	群组访谈，4位	土地资源约束对c市和C省另外两县的合作关系的影响
2012年11月7日	台湾电电公会昆山联络处	单独访谈，1位	台商在长三角内部的产业转移情况
2012年11月9日	江苏昆山市发展和改革委员会	单独访谈，1位	昆山和沭阳的共建园区；昆山浦东软件园建设现状
2012年11月13日	江苏昆山台协及台资企业座谈	群组访谈，5位	台商外移对区域合作的影响
2012年11月14日	长三角C省d商务区	群组访谈，3位	d商务区与A省q商务区的竞合关系
2012年11月15日	长三角A省某开发区C省c市分园	群组访谈，2位	共建园的成立过程、合作机制、合作模式
2014年11月4日	长三角e市·g县工业园与g县工业园	先后单独访谈，2位	共建园的成立过程、合作机制、合作模式

注：出于研究伦理考虑，访谈单位列中略去本书案例研究部分涉及单位的真实名称并以字母替代，访谈方式及受访人数列中略去被访谈对象的具体职务和真实姓名。

附录二　共建园访谈提纲

1. 合作驱动力

两地开展园区共建的驱动力是什么？（是产业资源、劳动力、土地资源，还是上级政策要求？）

为什么选择与××地区合作呢？

2. 交易成本

您认为跨省（市）沟通中存在什么困难？

在共建园区成立之前，两地政府之间有官方往来吗？什么形式？

目前双方领导的沟通频率如何？（每年几次）以什么形式沟通？

合作当中的主要摩擦是什么？

3. 制度推力

如果没有当时省里的挂钩合作政策，您觉得合作是否能够顺利开展呢？

在合作的过程中，省里政策发挥了什么作用？

4. 合作模式

园区管委会人员构成如何？担任什么职位？

两地如何出资呢？

双方在园区发展中各负责什么工作？（如何分配一级开发，二

级开发各项职能）

双方如何进行利益分配？

5. 合作效果

目前园区发展如何？

共建园中有多少企业进来呢？主要来自哪里？

有多少入驻企业是从合作城市转过来的？

共建园对当地经济发展的带动作用如何？

附录三 长三角共建园名录

序号	共建园名称	成立时间	发达方（执行开发区）	欠发达方（执行开发区）	主导产业	所在省份	跨省
1	江阴经济开发区靖江园区	2003 年	无锡江阴市	泰州靖江市	船业、机电、冶金、能源、物流、研发、商贸	江苏	否
2	昆山浦东软件园	2003 年	上海浦东软件园	苏州昆山市（昆山软件园）	软件产业及相关配套服务	江苏	是
3	连云港（上海）工业园（灌南经开区上海工业园）	2004 年	上海奉贤区奉城镇	连云港市灌南县	机械加工	江苏	是
4	无锡锡山—丰县工业园	2006 年	无锡锡山区（锡山经济开发区）	徐州丰县（丰县经济开发区）	纺织、服装、机械加工及电动车业	江苏	否
5	常熟东南经济开发区泗洪工业园（常熟泗洪工业园区）	2008 年	苏州常熟市	宿迁泗洪县	纺织服装、轻工食品、电子和机械制造业	江苏	否
6	无锡蠡园高新区贾汪工业园（锡贾工业园）	2009 年	无锡蠡园高新区	徐州市贾汪区（徐州工业园区）	机械、电子	江苏	否
7	江宁经济开发区淮阴工业园（宁淮工业园）	2006 年	南京江宁区	淮安淮阴区	以先进制造业为主，以电子、IT 等为辅	江苏	否
8	无锡新沂工业园	2006 年	无锡新区	徐州新沂市	石英制品精加工、机械、电子等	江苏	否
9	张家港经济开发区宿豫工业园	2006 年	苏州张家港市（张家港经济开发区）	宿迁市宿豫区（宿豫经济开发区）	机械、汽配产品加工产业、食品饮料	江苏	否
10	常州高新区大丰工业园	2006 年	常州高新区	盐城大丰区	纺织服装、机械电器、新型材料	江苏	否

续表

序号	共建园名称	成立时间	发达方（执行开发区）	欠发达方（执行开发区）	主导产业	所在省份	跨省
11	上海嘉定工业区建湖科技工业园	2007年	上海嘉定工业园	盐城市建湖县（建湖经济开发区）	机械产业、绿色照明产业	江苏	是
12	上海嘉定汽车产业园区亭湖工业园	2007年	上海嘉定汽车产业园	盐城亭湖区（亭湖经济开发区）	汽车零部件、光伏新能源、电子、通信	江苏	是
13	江阴—睢宁工业园（宁江工业园）	2007年	无锡江阴市	徐州睢宁县	机械电子、纺织服装、板材家具	江苏	否
14	宜兴环保科技工业园沛县园区（宜兴沛县工业园）	2007年	中国宜兴环保科技工业园	徐州沛县（沛县经济开发区）	新型铝材加工业、农副产品加工业	江苏	否
15	无锡邳州工业园（滨湖—邳州工业园）	2007年	无锡滨湖区（滨湖经济开发区）	徐州邳州市（邳州经济开发区）	机械、农副产品加工	江苏	否
16	苏州宿迁工业园区	2007年	苏州市	宿迁市	电子机械、新材料、轻工食品、纺织服装	江苏	否
17	昆山高新技术产业园区沭阳工业园	2007年	苏州昆山市	宿迁沭阳县	纺织服装、电子、机械加工	江苏	否
18	昆山经济技术开发区连云港工业园	2007年	苏州昆山市（昆山经济技术开发区）	连云港开发区	机械、电子	江苏	否
19	镇江经济技术开发区东海工业园	2007年	镇江经济开发区	连云港东海县经济开发区	硅产业、农副产品、纺织服装、机械等	江苏	否
20	南京雨花经济开发区盱眙工业园	2007年	南京雨花台区（雨花经济开发区）	淮安盱眙县	机械、电子	江苏	否
21	武进高新区阜宁工业园	2007年	常州武进区	盐城阜宁县	电子信息、纺织服装、机械电器、新型建材	江苏	否
22	南京经济技术开发区涟水工业园	2007年	南京市（南京经济开发区）	淮安市涟水县（涟水经济开发区）	纺织服装、机械电子	江苏	否
23	吴中经济开发区宿城工业园	2007年	苏州市吴中区	宿迁市宿城区	纺织服装、机械电子	江苏	否

续表

序号	共建园名称	成立时间	发达方（执行开发区）	欠发达方（执行开发区）	主导产业	所在省份	跨省
24	南谯—川沙合作共建园	2007 年	上海浦东新区川沙功能区	滁州南谯工业开发区	机械加工	安徽	是
25	吴江经济开发区泗阳工业园	2007 年	苏州吴江区	宿迁泗阳县	纺织服装、电器照明、木材加工等	江苏	否
26	上海外高桥江苏启东产业园	2008 年	上海外高桥保税区	南通启东市（启东滨海工业园）	以外向型生产加工业为主，以物流、贸易产业为辅	江苏	是
27	大丰张江生物医药产业园	2008 年	上海张江高科技园区	盐城大丰区	医药化工、基础化工、药物制剂和生物制剂等	江苏	是
28	上海长宁浙江湖州多媒体产业园	2008 年	上海长宁区（长宁多媒体产业园）	湖州吴兴区	多媒体产业、服务外包等	浙江	是
29	上海长宁区临空经济园江苏盐城工业园	2008 年	上海临空经济园区	盐城市	新能源、新材料、装备机械	江苏	是
30	上海市北实业盐都工业园	2008 年	上海市北高新技术产业园	盐城中小企业（创业）园	制造业	江苏	是
31	上海南汇工业园区响水工业园	2008 年	上海南汇工业园	盐城响水经济开发区	电子信息、纺织服装、机械加工	江苏	是
32	上海杨浦工业园大丰工业园	2009 年	上海杨浦区	盐城大丰区	机械设备	江苏	是
33	上海杨浦工业园海安工业园	2009 年	上海杨浦区	南通海安县	装备制造业基地和承接上海产业转移	江苏	是
34	上海张江（海门）科技园	2009 年	上海张江高科技园区	南通海门市（海门经济开发区）	新材料、装备制造	江苏	是
35	上海孙桥（大丰）现代农业园	2009 年	上海孙桥现代农业园区	盐城大丰区	农产品加工、农业	江苏	是
36	上海漕河泾新兴技术开发区海宁分区	2009 年	上海漕河泾新兴技术开发区	嘉兴海宁市（海宁经济开发区）	电子信息、新能源、新材料、生物医药、装备机械	浙江	是
37	上海漕河泾新兴技术开发区盐城工业园	2009 年	上海漕河泾新兴技术开发区	盐城经济技术开发区	新能源汽车、汽车零部件、新光源等	江苏	是
38	大丰宝山工业区	2009 年	上海宝山工业园	盐城大丰区	—	江苏	是

续表

序号	共建园名称	成立时间	发达方（执行开发区）	欠发达方（执行开发区）	主导产业	所在省份	跨省
39	上海西郊工业园区东台工业园	2009年	上海西郊工业园	盐城东台市（东台经济开发区）	机械制造、电子电气、新材料	江苏	是
40	南京江宁经济开发区连云港工业园（2014年5月与昆山连云港合并）	2009年	南京江宁经济技术开发区	连云港市经济技术开发区	医药电子、装备制造、仓储物流	江苏	否
41	丹阳经济开发区灌云工业园（丹阳灌云工业园）	2009年	镇江丹阳市（丹阳开发区）	连云港灌云县（灌云经济开发区）	机械加工、轻工食品、纺织服装	江苏	否
42	苏通科技产业园	2009年	苏州市（中新苏州工业园区）	南通市（南通经济技术开发区）	精密机电、电子信息、生物科技、新材料等	江苏	否
43	宁滁合作产业园	2009年	南京市（南京经济技术开发区）	滁州市（滁州经济开发区）	集研发会展、生产制造、商务办公、生活配套于一体的产业园区	安徽	是
44	大丰闸北工业区	2009年	上海闸北区	盐城大丰区	—	江苏	是
45	海盐示范产业园	2010年	上海普陀区桃浦镇	海盐县沈荡镇	服务配套、轻工业	浙江	是
46	上海药谷嘉兴产业园	2010年	上海张江生物医药基地	嘉兴秀洲区〔浙江科技孵化城（嘉兴）〕	新药研发、医药领域合同定制服务等	浙江	是
47	上海市北高新（南通）科技城	2010年	上海市北高新技术产业园	南通市港闸区	总部经济、研发设计、时尚创意、教育培训、服务外包等生产性服务业	江苏	是
48	上海淞南经济区亭湖工业园	2010年	上海淞南经济发展区	盐城市亭湖区（亭湖经济开发区）	机械制造	江苏	是
49	太仓港经济开发区灌南工业园（2013年12月，基于此成立了太仓灌南高新技术产业园）	2010年	苏州太仓市（太仓港经济开发区）	连云港灌南县（连云港化工产业园区）	精细化工	江苏	否
50	昆山高新技术产业园区淮安工业园	2010年	昆山高新技术产业园	淮安市经济开发区	电脑及周边产品和电子元件产业	江苏	否

续表

序号	共建园名称	成立时间	发达方（执行开发区）	欠发达方（执行开发区）	主导产业	所在省份	跨省
51	宜兴经济开发区金湖工业园	2010年	无锡宜兴市（宜兴经济技术开发区）	淮安金湖县（经济技术开发区）	机械制造、仪表线缆和新型材料	江苏	否
52	丹徒经济开发区赣榆工业园	2010年	镇江丹徒经济开发区	连云港赣榆经济开发区	精密机械、电子信息、服装玩具	江苏	否
53	池州市长宁产业园（上海长宁区高新技术产业园池州基地）	2010年	上海长宁区	安徽池州市	现代制造业	安徽	是
54	定远绍兴合作工业园	2010年	绍兴县滨海工业区	定远县工业园区	轻工业、纺织	安徽	是
55	郎溪经都产业园	2010年	海宁经编产业园	宣城市郎溪县政府	经编产业	安徽	是
56	郎溪经济开发区常州工业园	2010年	常州市武进区	安徽省宣城市郎溪县	电力电子产业	安徽	是
57	无锡惠山产业转移合作园	2010年	无锡惠山区	滁州市琅琊区	电工电器、新材料	安徽	是
58	锡通科技产业园	2010年	无锡市	南通市	精密机械、新材料、电子信息、创意研发、高档纺织等	江苏	否
59	嘉善鼎阳创新科技创新产业园	2011年	上海市张江高新技术产业园	嘉善经济技术开发区	先进制造业和生产性服务业	浙江	是
60	宁善国际智慧城（长三角科技商务中心）	2011年	上海长宁区	嘉兴市嘉善县（嘉善开发区）	科技商务区	浙江	是
61	上海闵行盐都工业园	2011年	上海市莘庄工业区	盐城高新技术产业开发区	通信电子产业	江苏	是
62	上海市工业综合开发区滨海工业园	2011年	上海市工业综合开发区	盐城滨海县（滨海经济开发区）	泵阀机械、高新技术、新型材料等	江苏	是
63	句容经济开发区海州工业园	2011年	镇江句容开发区	连云港海州开发区	新型装备制造、新能源、新材料	江苏	否
64	南京高新技术产业开发区洪泽工业园	2011年	南京高新技术产业开发区	淮安洪泽县开发区	机械、电子、新材料、纺织	江苏	否
65	中新苏滁现代产业园	2011年	苏州工业园	安徽滁州市	"产城一体"，重点打造"五个园"	安徽	是

序号	共建园名称	成立时间	发达方（执行开发区）	欠发达方（执行开发区）	主导产业	所在省份	跨省
66	阜阳合肥现代产业园区	2011年	合肥市	阜阳市	家电、机械制造、食品及农产品加工	安徽	否
67	宿州马鞍山现代产业园区	2011年	马鞍山市	宿州市	机械装备制造业、电子信息产业、木材加工及家居业、新材料等	安徽	否
68	宝山经济区南洋经济区共建园	2011年	上海宝山经济区	盐城市亭湖区南洋经济区	—	江苏	是
69	苏州盐城沿海合作开发区	2011年	苏州市（苏州高新区）	盐城市	"一区两园"模式，盐城大丰港产业定位为装备制造业、大型化工、环保产业等；盐城大丰经济开发区定位为电子信息、环保产业、装备制造以及商务楼宇、商品住宅、配套建设等	江苏	否
70	上安铜由工业园	2011年	上海奉贤区南桥镇光明A3工业园	含山县铜闸镇工业园	轻工业、纺织	安徽	是
71	上海奉贤（海安）工业园	2012年	上海奉贤区	南通海安县	装备制造、输变电、现代纺织	江苏	是
72	张江平湖科技园（张江长三角科技城）	2012年	上海张江高科技园区+上海金山区	嘉兴平湖市（平湖临沪产业园出资）	制造业、现代服务业、现代农业	浙江	是
73	上海虹桥经济技术开发区射阳产业园	2012年	上海虹桥经济技术开发区	盐城射阳县（射阳经济开发区）	纺织、机械、电子、食品等新特产业	江苏	是
74	昆山花桥经济开发区淮安工业园	2012年	苏州昆山市（花桥经济开发区）	淮安工业园	电子、冶金机械、生物医药、生产型服务业	江苏	否
75	遂昌—诸暨山海协作产业园	2012年	绍兴诸暨市	丽水市遂昌县	金属制品、电子、生态农产品加工、高新技术产业等	浙江	否
76	松阳—余姚山海协作产业园	2012年	宁波余姚市	丽水市松阳县	金属制品、汽摩配、轻工纺织、电子产品加工制造等	浙江	否

序号	共建园名称	成立时间	发达方（执行开发区）	欠发达方（执行开发区）	主导产业	所在省份	跨省
77	莲都—义乌山海协作产业园	2012年	金华义乌市	丽水市莲都区	通用设备制造业、电气机械制造业、建筑五金制造业等	浙江	否
78	龙泉—萧山山海协作产业园	2012年	杭州萧山区	丽水市龙泉市	汽车零部件、工程机械配件和新能源新装备产业	浙江	否
79	泗海工业园	2012年	嘉兴市海盐县	宿州市泗县	纺织服装、电子电器、装备制造、装饰材料	安徽	是
80	寿县蜀山现代产业园区	2012年	合肥市蜀山区	六安市寿县	先进制造业、生物技术、电子信息、新能源等	安徽	否
81	凤阳宁国现代产业园区	2012年	宣城宁国市	蚌埠市凤阳县	硅产业和现代物流业	安徽	否
82	上海张江国家自主创新示范区常州科技产业园（上海张江常州科技园）	2012年	上海张江高新区	常州市武进区	新材料、电子信息、生物医药、高端装备制造等	江苏	是
83	张江国家自主创新示范区南通崇川数字产业园（崇川数字产业园）	2012年	上海张江高新区	江苏南通崇川经济开发区	电子信息、移动互联、三网融合电子产品的研发、生产等	江苏	是
84	亳州芜湖现代产业园区	2012年	芜湖市	亳州市	装备制造、节能环保、食品医药	安徽	否
85	武进经济开发区射阳工业园	2012年	常州市武进区	盐城市射阳县	机械电子、新材料制造、高端纺织	江苏	否
86	濉溪芜湖现代产业园区	2012年	芜湖县	淮北市濉溪县	以铝基材料为特色的装备制造业和现代服务业	安徽	否
87	蚌埠铜陵现代产业园区	2012年	铜陵市	蚌埠市	电子信息、装备制造及新型材料	安徽	否
88	常安纺织科技园	2012年	苏州常熟市	南通海安县	纺织服装	江苏	否
89	定远常州化工园	2012年	常州新北区（常州新北工业园）	定远县（盐化工业园）	精细化工	安徽	是

续表

序号	共建园名称	成立时间	发达方（执行开发区）	欠发达方（执行开发区）	主导产业	所在省份	跨省
90	阜宁上海佘山工业园［阜宁（上海）佘山工业园］	2013年	上海佘山工业园	盐城阜宁经济开发区	机械制造	江苏	是
91	锡山经济技术开发区兴化工业园	2013年	无锡锡山区（锡山经济技术开发区）	泰州兴化市（兴化经济技术开发区，省级）	高端食品、农副产品精深加工、机械制造、电子电气、新能源和高科技等产业	江苏	否
92	江阴高新技术产业开发区黄桥工业园	2013年	江阴市（江阴高新技术产业开发区）	泰兴市（黄桥工业园区）	以精密制造、节能空冷、汽车零部件等为主的现代装备制造业和以新型建筑墙体材料、纳米材料等为主的新材料产业	江苏	否
93	昆山高新技术产业开发区姜堰工业园	2013年	昆山市（昆山高新区）	泰州市姜堰区（姜堰经济开发区）	智能电网器件及其配套产业项目	江苏	否
94	柯城—余杭山海协作产业园	2013年	杭州市余杭区	衢州市柯城区	功能性新材料产业、高端装备制造电子信息产业、生态健康产业、现代服务业	浙江	否
95	常山—慈溪山海协作产业园	2013年	宁波慈溪市	衢州市常山县	汽车产业、轴承及成套装备制造产业、水资源生态食品	浙江	否
96	衢江—鄞州山海协作产业园	2013年	宁波市鄞州区	衢州市衢江区	装备制造业，食品等	浙江	否
97	江山—柯桥山海协作产业园	2013年	绍兴市柯桥区	衢州江山市	绿色食品产业、装备制造产业、节能环保产业、智谷产业以及现代家居产业等	浙江	否
98	龙游—镇海山海协作产业园	2013年	宁波市镇海区	衢州市龙游县	特种纸及深加工业、先进装备制造业、食品饮料产业、纺织服装业和战略性新兴产业五大主导产业	浙江	否

序号	共建园名称	成立时间	发达方（执行开发区）	欠发达方（执行开发区）	主导产业	所在省份	跨省
99	宁淮新兴产业科技园（宁淮新城）	2013年	南京市	淮安市（实际由盱眙县推进）	总部经济、中试孵化、生物医药、服务外包、休闲观光、高端居住等新兴服务业及新能源、新材料、高端装备制造等先进制造业	江苏	否
100	泗县当涂现代产业园区	2014年	马鞍山当涂县	宿州市泗县	大力培育环保文化、机械电子、品牌纺织服装、食品深加工四大特色产业集群，着力打造产业链完整、竞争力强的环保产业基地	安徽	否
101	临泉庐阳现代产业园区	2014年	合肥市庐阳区	阜阳市临泉县	机械电子、绿色农产品精深加工等产业，生物技术、新能源、新材料等战略性新兴产业，商贸物流、文化创意等现代服务业	安徽	否
102	上海莘庄工业区宝应工业园	2014年	上海莘庄工业区	扬州宝应县	船业、机电、冶金、能源、物流、研发、商贸	江苏	是

注：本表主要列出2003~2014年长三角地区地方政府及下辖开发区跨省、跨地级市共建的共建园；名录主要来源见正文表5-1；"是"代表跨省合作，"否"代表跨地级市合作。

参考文献

[1] 〔美〕阿曼·A. 阿尔钦，2014，《产权：一个经典注释》，载于〔美〕罗纳德·H. 科斯等《财产权利与制度变迁：产权学派与新制度学派译文集》，刘守英等译，格致出版社、上海三联书店、上海人民出版社。

[2] 〔美〕埃瑞克·G. 菲吕博腾、斯韦托扎尔·平乔维奇，2014，《产权与经济理论：近期文献的一个综述》，载于〔美〕罗纳德·H. 科斯等《财产权利与制度变迁：产权学派与新制度学派译文集》，刘守英等译，格致出版社、上海三联书店、上海人民出版社。

[3] 安虎森等，2015，《新区域经济学》，东北财经大学出版社。

[4] 安徽省人民政府发展研究中心，2010，《皖江城市带承接沿海产业转移系列调研之二：上海异地工业园建设情况调研》，研究报告。

[5] 蔡玉胜，2007，《地方政府竞争：理论的源起、演化及其中国化境况》，《天津行政学院学报》第 12 期，第 37～40 页。

[6] 曹春方、马连福，2011，《地方政府显性激励、官员任期与地方国企过度投资》，第六届（2011）中国管理学年会论文，四川成都。

[7] 曹广忠、袁飞、陶然，2007，《土地财政、产业结构演变与税收超常规增长——中国"税收增长之谜"的一个分析视角》，《中国工业经济》第 2 期，第 13～21 页。

[8] 曹阳、王亮，2007，《区域合作模式与类型的分析框架研究》，

《经济问题探讨》第 5 期，第 48～52 页。

［9］曹正汉，2011，《中国下上分治的治理体制及其稳定机制》，《社会学研究》第 1 期，第 1～23 页。

［10］长江三角洲城市经济协调会办公室编，2007/2013，《走过十年：长江三角洲城市经济协调会十周年纪事》，转引自申剑敏《跨域治理视角下的长三角地方政府合作研究》，博士学位论文，复旦大学国际关系与公共事务学院。

［11］陈彬，2013，《基于上海异地共建园区的利益分享机制研究》，硕士学位论文，上海社会科学院部门研究所。

［12］陈国权、李院林，2004，《论长江三角洲一体化进程中的地方政府间关系》，《江海学刊》第 5 期，第 92～98 页。

［13］陈瑞莲、孔凯，2009，《中国区域公共管理研究的发展与前瞻》，《学术研究》第 5 期，第 45～49 页。

［14］陈剩勇、马斌，2004，《区域间政府合作：区域经济一体化的路径选择》，《政治学研究》第 1 期，第 24～34 页。

［15］陈晓萍、徐淑英、樊景立主编，2008，《组织与管理研究的实证方法》，北京大学出版社。

［16］〔美〕大卫·N. 海曼，2006，《财政学：理论在政策中的当代应用》，张进昌译，北京大学出版社。

［17］〔美〕丹尼尔·W. 布罗姆利，2006，《经济利益与经济制度——公共政策的理论基础》，陈郁、郭宇峰、汪春译，上海三联书店、上海人民出版社。

［18］〔美〕道格拉斯·C. 诺思，2008，《制度、制度变迁与经济绩效》，杭行译，格致出版社、上海三联书店、上海人民出版社。

［19］丁海中主编，2014，《皖江城市带承接产业转移示范区建设报告（2014）》，社会科学文献出版社。

［20］丁胡送、吴福象、王新新，2012，《泛长三角城市群产业转移中的异地产业园区合作机制及模式研究》，《科技与经济》

第 6 期，第 96～100 页。

[21] 杜传忠、刘英基，2013，《区际产业分工与产业转移研究》，经济科学出版社。

[22] 杜军、任景波，2013，《中国经济发展面临资源约束的成因与特征分析》，《开发研究》第 1 期，第 79～83 页。

[23] 樊纲、张曙光等，1994，《公有制宏观经济理论大纲》，上海三联书店、上海人民出版社。

[24] 范军勇，2004，《从"173 计划"的实施看上海产业政策的调整对策》，《城市规划汇刊》第 2 期，第 17～22 页。

[25] 方红生、张军，2009，《中国地方政府扩张偏向的财政行为：观察与解释》，《经济学（季刊）》第 3 期，第 1065～1082 页。

[26] 冯邦彦、周孟亮，2005，《区域合作与资源优化配置——"泛珠三角"战略的经济学分析》，《暨南学报》（哲学社会科学版）第 4 期，第 11～15 页。

[27] 〔美〕弗莱德·M. 泰勒，1987，《社会主义国家的生产指导》，张春霖译，《经济社会体制比较》第 5 期，第 51～54 页。

[28] 傅勇、张晏，2007，《中国式分权与财政支出结构偏向：为增长而竞争的代价》，《管理世界》第 3 期，第 4～12 页。

[29] 高程，2010，《区域合作模式形成的历史根源和政治逻辑——以欧洲和美洲为分析样本》，《世界经济与政治》第 10 期，第 33～57、157～158 页。

[30] 官永彬，2011，《财政分权体制下地方政府竞争的激励机制分析》，《重庆师范大学学报》（哲学社会科学版）第 4 期，第 30～38 页。

[31] 〔美〕哈罗德·德姆塞茨，2014，《关于产权的理论》，载于〔美〕罗纳德·H. 科斯等《财产权利与制度变迁：产权学派与新制度学派译文集》，刘守英等译，格致出版社、上海三联书店、上海人民出版社。

[32] 何苗、丁辰，2014，《200 个共建产业园梳理：长三角合作共

建机制现状》，《21 世纪经济报道》9 月 18 日。

[33] 洪世健，2009，《大都市区治理——理论演进与运作模式》，东南大学出版社。

[34] 胡梅娟，2001，《治理信用"污染"有何良策》，《瞭望新闻周刊》第 37 期，第 7～9 页。

[35] 黄伦涛，2012，《地方政府合作中的利益共享机制研究——以江苏省南北合作共建园区为例》，硕士学位论文，浙江大学公共管理学院。

[36] 霍里诺，2006/1961，*ownership*，转引自〔美〕丹尼尔·W. 布罗姆利《经济利益与经济制度——公共政策的理论基础》，陈郁、郭宇峰、汪春译，上海三联书店、上海人民出版社。

[37] 江飞涛、曹建海，《市场失灵还是体制扭曲——重复建设形成机理研究中的争论、缺陷与新进展》，《中国工业经济》第 1 期，第 53～64 页。

[38] 蒋省三、刘守英、李青，2007，《土地制度改革与国民经济成长》，《管理世界》第 9 期，第 1～9 页。

[39] 井西晓，2008，《行政区划与区域经济一体化关系探讨》，《党政干部学刊》第 7 期，第 34～35 页。

[40] 靖学青编著，2002，《东西部经济合作论》，上海社会科学院出版社。

[41] 〔美〕康芒斯，2009，《制度经济学》（上），于树生译，商务印书馆。

[42] 兰草，2012，《截面、面板数据分析与 STATA 应用》，武汉大学出版社。

[43] 李长晏，2012，《区域发展与跨域治理理论与实务》，元照出版有限公司。

[44] 李金华，2006，《关于 2005 年度中央预算执行的审计工作报告——2006 年 6 月 27 日在第十届全国人民代表大会常务委员会第二十二次会议上》，中国政府网，http://www.gov.cn/

govweb/gzdt/2006 – 06/28/content_ 321646. htm。

[45] 李荣，2009，《沪以"企业组团"和"政府间协议"形式建异地工业园》，中国政府网，http://www. gov. cn/jrzg/2009 – 10/22/content_1446517. htm。

[46] 李燕、曹永峰，2007，《长三角地区电子信息产业发展的问题与对策研究》，《中国科技论坛》第 7 期，第 63 ~ 69 页。

[47] 李志群、刘亚军、刘培强主编，2011，《开发区大有希望》，中国财政经济出版社。

[48] 林毅夫、刘培林，2004，《地方保护和市场分割：从发展战略的角度考察》，北京大学中国经济研究中心内部讨论稿 No. C2004015。

[49] 刘汉屏、刘锡田，2003，《地方政府竞争：分权、公共物品与制度创新》，《改革》第 6 期，第 23 ~ 28 页。

[50] 刘继生、陈彦光，2000，《分形城市引力模型的一般形式和应用方法——关于城市体系空间作用的引力理论探讨》，《地理科学》第 6 期，第 528 ~ 533 页。

[51] 刘君德、舒庆，1993，《论行政区划、行政管理体制与区域经济发展战略》，《经济地理》第 1 期，第 1 ~ 5、42 页。

[52] 刘兰剑、李玲，2018，《管理定量分析：方法与技术》，中国人民大学出版社。

[53] 刘玉亭、张结魁，1999，《省际毗邻地区开发模式探讨》，《地理学与国土研究》第 4 期，第 45 ~ 59 页。

[54] 刘祖云，2007，《政府间关系：合作博弈与府际治理》，《学海》第 1 期，第 79 ~ 87 页。

[55] 卢大鹏，2009，《地方政府竞争——基于激励和约束视角》，博士学位论文，清华大学公共管理学院。

[56] 卢现祥，2011，《为什么中国会出现制度"软化"？——基于新制度经济学的视角》，《经济学动态》第 9 期，第 44 ~ 48 页，第 74 页。

[57] 吕翔，2014，《区域冲突与合作及制度创新研究——以京津冀地区为例》，博士学位论文，南开大学经济学院。

[58] 〔美〕罗伯特·K. 殷，2017，《案例研究：设计与方法》，重庆大学出版社。

[59] 罗小龙，2011，《长江三角洲地区的城市合作与管治》，商务印书馆。

[60] 罗小龙、沈建法，2006，《跨界的城市增长——以江阴经济开发区靖江园区为例》，《地理学报》第 4 期，第 435～445 页。

[61] 麻挺松，2005，《相对收益与地方政府间的合作绩效》，《江汉论坛》第 5 期，第 5～8 页。

[62] 马海龙，2014，《京津冀区域治理：协调机制与模式》，东南大学出版社。

[63] 毛泽东，1999，《毛泽东文集》第 7 卷，人民出版社。

[64] 母爱英、武建奇，2007，《京津冀都市圈管治中政府间行为博弈分析》，《河北学刊》第 2 期，第 163～167 页。

[65] 彭彦强，2009，《行政管辖权交易：地方政府合作的权力基础》，《中共四川省委党校学报》第 4 期，第 41～44 页。

[66] 齐亚伟、陶长琪，2013，《区域经济发展和环境治理的合作博弈分析》，《统计与决策》第 20 期，第 42～44 页。

[67] 钱颖一、B. R. Weingast，2008，《中国特色的维护市场的经济联邦制》，载于张军、周黎安编《为增长而竞争：中国增长的政治经济学》，格致出版社、上海人民出版社。

[68] 上海财经大学区域经济研究中心，2003，《2003 中国区域经济发展报告——国内及国际区域合作》，上海财经大学出版社。

[69] 上海市人民政府发展研究中心，2011，《上海产业转移的现状、趋势和有序引导对策研究》，研究报告。

[70] 沈立人、戴园晨，1990，《我国"诸侯经济"的形成及其弊

端和根源》，《经济研究》第 3 期，第 12 ~ 19、67 页。

[71] 舒庆，1995，《中国行政区经济与行政区划研究》，中国环境科学出版社。

[72] 孙久文、邓慧慧、叶振宇，2008，《京津冀都市圈区域合作与北京的功能定位》，《北京社会科学》第 6 期，第 71 ~ 75 页。

[73] 覃成林，2011，《区域协调发展机制体系研究》，《经济学家》第 4 期，第 63 ~ 70 页。

[74] 汤志林、殷存毅，2012，《治理结构与高新区技术创新：中国高新区发展问题解读》，社会科学文献出版社。

[75] 汪晖、陶然，2009，《论土地发展权转移与交易的"浙江模式"——制度起源、操作模式及其重要含义》，《管理世界》第 8 期，第 39 ~ 52 页。

[76] 汪伟全，2010，《论地方政府间合作的最新进展》，《探索与争鸣》第 10 期，第 51 ~ 53 页。

[77] 汪伟全、许源，2005，《地方政府合作的现存问题及对策研究》，《社会科学战线》第 5 期，第 294 ~ 296 页。

[78] 王佃利，2006，《城市管理转型与城市治理分析框架》，《中国行政管理》第 12 期，第 97 ~ 101 页。

[79] 王健、鲍静、刘小康、王佃利，2004，《"复合行政"的提出——解决当代中国区域经济一体化与行政区划冲突的新思路》，《中国行政管理》第 3 期，第 44 ~ 48 页。

[80] 王世磊、张军，2008，《中国地方官员为什么要改善基础设施？——一个关于官员激励机制的模型》，《经济学》第 2 期，第 383 ~ 398 页。

[81] 王兴平等，2013，《开发区与城市的互动整合：基于长三角的实证分析》，东南大学出版社。

[82] 王永钦、张晏、章元、陈钊、陆铭，2007，《中国的大国发展道路——论分权式改革的得失》，《经济研究》第 1 期，第

4～16 页。

[83] 王运宝，2006，《决战"新淮海"》，《决策》第 Z1 期，第 20～21 页。

[84] 王志锋，2010，《城市治理多元化及利益均衡机制研究》，《南开学报》（哲学社会科学版）第 1 期，第 119～226 页。

[85] 魏后凯、贺灿飞、王新，2002，《中国外商投资区位决策与公共政策》，商务印书馆。

[86] 魏后凯，2002，《外商直接投资对中国区域经济增长的影响》，《经济研究》第 4 期，第 19～26 页。

[87] 温忠麟、刘红云、侯杰泰，2002，《调节效应和中介效应分析》，教育科学出版社。

[88] 吴光芸、李建华，2009，《长江三角洲区域合作中的社会资本因素分析》，《西北师大学报》（社会科学版）第 5 期，第 69～75 页。

[89] 吴蕾，2007，《地方政府间税收合作的博弈分析》，《华南师范大学学报》（社会科学版）第 2 期，第 48～51 页。

[90] 吴明华，2011，《张新实与宿迁 5 年》，《决策》，http://news.sina.com.cn/c/2011-06-07/110922598415.shtml。

[91] 谢庆奎，2000，《中国政府的府际关系研究》，《北京大学学报》（哲学社会科学版）第 1 期，第 26～34 页。

[92] 徐现祥、王贤彬、高元骅，2011，《中国区域发展的政治经济学》，《世界经济文汇》第 3 期，第 26～58 页。

[93] 〔英〕亚当·斯密，2011，《国富论》，郭大力、王亚南译，译林出版社。

[94] 杨爱平，2011，《从垂直激励到平行激励：地方政府合作的利益激励机制创新》，《学术研究》第 5 期，第 47～53、159 页。

[95] 杨逢珉、孙定东，2007，《欧盟区域治理的制度安排——兼论对长三角区域合作的启示》，《世界经济研究》第 5 期，第 82～85 页。

[96] 杨玲丽，2010，《共生或竞争：论社会资本约束下的产业转移——苏州和宿迁两市合作经验的归纳与借鉴》，《现代经济探讨》第9期，第49~54页。

[97] 杨玲丽，2012，《政府导向、市场化运作、共建产业园——长三角产业转移的经验借鉴》，《现代经济探讨》第5期，第68~72页。

[98] 杨雪冬，2011，《地方政府间分权的条件：基于地县关系的分析》，《探索与争鸣》第2期，第33~37页。

[99] 杨燕绥、刘懿，2019，《全民医疗保障与社会治理：新中国成立70年的探索》，《行政管理改革》第8期，第4~12页。

[100] 杨燕绥、岳公正、杨丹，2009，《医疗服务治理结构和运行机制：走进社会化管理型医疗》，中国劳动社会保障出版社。

[101] 杨勇，2015，《土地资源约束与县乡关系体制变迁》，博士学位论文，清华大学公共管理学院。

[102] 杨志勇，2010，《2010，难说再见的中国土地财政》，《西部论丛》第2期，第17~19页。

[103] 殷存毅、何晓裴，2015，《开发区管理体制"政府化"演变的理论分析——新制度经济学的视角》，《公共管理评论》第2期，第3~19页。

[104] 殷存毅，2011，《区域发展与政策》，社会科学文献出版社。

[105] 殷存毅，2004，《区域协调发展：一种制度性的分析》，《公共管理评论》第2期，第25~53页。

[106] 殷存毅、汤志林，2010，《纵向治理、资源配置与创新网络：中关村与竹科的比较分析》，《国际经济评论》第5期，第48~60页。

[107] 殷存毅、许焰妮，2013，《跨域治理：深化两岸产业合作的园区管理体制探讨》，《台湾研究》第4期，第10~15页。

[108] 银温泉、才婉如，2001，《我国地方市场分割的成因和治理》，《经济研究》第6期，第3~11页。

[109] 〔美〕约翰·B. 泰勒，2007，《经济学》，李绍荣、李淑玲译，中国市场出版社。

[110] 张成福、李昊城、边晓慧，2012，《跨域治理：模式、机制与困境》，《中国行政管理》第 3 期，第 102~109 页。

[111] 张敦富主编，2000，《区域经济学原理》，中国轻工业出版社。

[112] 张紧跟，2009，《从区域行政到区域治理：当代中国区域经济一体化的发展路向》，《学术研究》第 9 期，第 42~49 页。

[113] 张京祥、耿磊、殷洁、罗小龙，2011，《基于区域空间生产视角的区域合作治理——以江阴经济开发区靖江园区为例》，《人文地理》第 1 期，第 5~9 页。

[114] 张军，2008，《分权与增长：中国的故事》，《经济学（季刊）》第 1 期，第 21~52 页。

[115] 张军、高远、付勇、张弘，2007，《中国为什么拥有了良好的基础设施?》，《经济研究》第 3 期，第 4~19 页。

[116] 张军，2005，《中国经济发展：为增长而竞争》，《世界经济文汇》第 4 期，第 101~105 页。

[117] 张军、周黎安编，2008，《为增长而竞争：中间增长的政治经济学》，格致出版社、上海人民出版社。

[118] 张可云，2001，《区域大战与区域经济关系》，民主与建设出版社。

[119] 张蔚文、李学文，2011a，《竞争还是合作? ——来自浙江省土地发展权交易的实证》，海峡两岸土地学术交流会论文集，黑龙江哈尔滨。

[120] 张蔚文、李学文，2011b，《外部性作用下的耕地非农化权配置——"浙江模式"的可转让土地发展权真的有效率吗?》，《管理世界》第 6 期，第 47~62 页。

[121] 张晓晖，2006，《长三角开发区 恶性竞争之累》，经济观察网，http://www.eeo.com.cn/2006/1117/33070.shtml。

[122] 张晏、龚六堂，2005，《分税制改革、财政分权与经济增长》，《经济学（季刊）》第4期，第75~108页。

[123] 周飞舟，2007，《生财有道：土地开发和转让中的政府和农民》，《社会学研究》第1期，第49~82页。

[124] 周黎安，2004，《晋升博弈中政府官员的激励与合作——兼论我国地方保护主义和重复建设问题长期存在的原因》，《经济研究》第6期，第33~40页。

[125] 周黎安，2007，《中国地方官员的晋升锦标赛模式研究》，《经济研究》第7期，第36~50页。

[126] 周黎安，2008，《转型中的地方政府：官员激励与治理》，格致出版社、上海人民出版社。

[127] 周雪光，2005，《"逆向软预算约束"：一个政府行为的组织分析》，《中国社会科学》第2期，第132~143、207页。

[128] 周业安、冯兴元、赵坚毅，2004，《地方政府竞争与市场秩序的重构》，《中国社会科学》第1期，第56~65页。

[129] 朱传耿、沈山、仇方道，2001，《区域经济学》，中国社会科学出版社。

[130] 朱少鹏，2007，《上海市工业园区土地二次开发中各方利益剖析——以漕河泾新兴技术开发区为例》，《中国城市研究》（电子期刊）第9期，第116~121页。

[131] 卓凯、殷存毅，2007，《区域合作的制度基础：跨界治理理论与欧盟经验》，《财经研究》第1期，第55~65页。

[132] Alter, Catherine, and Jerald Hage. 1993. *Organizations Working Together*. Sage Publications.

[133] Ansell, Chris, and Alison Gash. 2008. "Collaborative Governance in Theory and Practice." *Journal of Public Administration Research and Theory*, 18 (4): 543–571.

[134] Armstrong, Harvey, and Jim Taylor. 2000. *Regional Economics and Policy* (3rd Edition). Blackwell Publishers.

[135] Arrow, Kenneth J. 1969. "The Organization of Economic Activity: Issues Pertinent to the Choice of Market Versus Non-market Allocation. " *The Analysis and Evaluation of Public Expenditure*, 1969 (1): 59 – 73.

[136] Axelrod, Robert. 1984. *The Evolution of Cooperation*. New York: Basic Books.

[137] Breton, Albert. 1996. "Competitive Governments: An Economic Theory of Politics and Public Finance. " *Public Choice*, 67 (2): 223 – 227.

[138] Dyer, Gibband W. , and Alan L. Wilkins. 1991. "Better Stories, not Better Constructs, to Generate Better Theory: A Rejoinder to Eisenhardt. " *Academey of Management Review*, 16 (3): 613 – 619.

[139] Eisenhardt, Kathleen M. 1989. "Building Theories from Case Study Research. " *Academy of Management Review*, 14 (4): 532 – 550.

[140] Feiock, Richard C. 2004. "Metropolitan Governance: Conflict, Competition and Cooperation. " *Social Contracts and Economic Markets*, 71 (4): 463 – 464.

[141] Frederickson, George H. 1999. "The Repositioning of American Public Administration. " *Political Science and Politics*, 32 (32): 701 – 711.

[142] Gately, Dermot. 1974. "Sharing the Gains from Regional Cooperation: A Game Theoretic Application to Planning Investment in Electric Power. " *Internal Economic Review*, 15 (1): 195 – 208.

[143] Hamilton, David K. 2014. *Governing Metropolitan Areas: Growth and Change in a Networked Age*. Routledge Taylor & Francis Group.

[144] Hayes, Andrew F. 2015/2013. *An Introduction to Mediation*,

Moderation, and Conditional Process Analysis: A Regression based Approach. 转引自方杰等《基于多元回归的调节效应分析》，《心理科学》第 3 期，第 715～720 页。

[145] Henry, Michael, Daniel McClure, and Jason Wolenik. 2011. *Cross-Jurisdiction Collaboration: New Models for State, Regional and Local Governments.* Accenture.

[146] Kallis, Giorgos, Michael Kiparsky, and Richard Norgaard. 2009. "Collaborative Governance and Adaptive Management: lessons from California's CALFED Water Program. " *Environmental Science & Policy*, 12 (6): 631 –643.

[147] Keller, Wolfgang. 2004. "Internationa Technology Diffusion. " *Journal of Economic Literature*, 42 (3): 752 –782.

[148] Krugman, Paul. 1991. "Increasing Returns and Economic Geography. " *Journal of Political Economy*, 99 (3): 483 –499.

[149] McGuire, Michael. 2006. "Collaborative Public Management: Assessing What We Know and How We Know It. " *Public Administration Review*, 66 (S1): 33 –43.

[150] Oates, Wallace E. 1993. "Fiscal Federalism and Economic Development. " *National Tax Journal*, XLVI (2): 237 –243.

[151] Olsen, Mancur. 1965. *The Logic of Collective Action: Public Goods and the Theory of Groups.* Harvard University Press.

[152] Ostrom, E. 1990. *Governing the Commons: The Evolution of Institutions for Collective Action.* Cambridge University Press.

[153] Ostrom, Vincent, Charles M. Tiebout, and Robert Warren. 1961. "The Organization of Government in Metropolitan Areas: A Theoretical Inquiry. " *American Political Science Review*, 55 (3): 831 –842.

[154] Park, Hyun H. , Karl R. Rethemeyer, and Deneen M. Hatmaker. 2014. "The Politics of Connections: Assessing the De-

terminants of Social Structure in Policy Networks. " *Journal of Public Administration Research and Theory*, 24 (2): 349 –379.

[155] Pfeffer, Jeffrey and Gerald Salancik. 1978. *The External Control of Organization: A resource Dependence Perspective*. Standford University Press.

[156] Provan, Keith G. , and Patrick Kenis. 2008. "Modes of Network Governance: Structure, Management and Effectiveness. " *Journal of Public Administration Research and Theory*, 18 (2): 229 – 252.

[157] Qian, Yingyi, and Gérard Roland. 1998. "Federalism and the Soft Budget Constraint. " *American Economic Review*, 88 (5): 1143 – 1162.

[158] Qian, Yingyi, and Weingast R. Barry. 1997. "Federalism as a Commitment to Preserving Market Incentives. " *Journal of Economic Perspectives*, 11 (4): 83 –92.

[159] Studenski, Paul. 2009/1930. *The Government of Metropolitan Areas in the United States.* 转引自洪世健《大都市区治理——理论演进与运作模式》, 东南大学出版社。

[160] The Commission on Global Governance. 1995. *Our Global Neighbourhood: The Report of the Commission on Global Governance.* Oxford University Press.

[161] Tiebout, Charles M. 1956. "A Pure Theory of Local Expenditures. " *Journal of Political Economy*, 64 (5): 416 –424.

[162] Ulrich, David, and Jay B. Barney. 1984. "Perspectives in Organizations: Resource Dependence, Efficiency and Population. " *The Academy of Management Review*, 9 (3): 471 –481.

[163] Williamson, Jeffrey G. 1965. "Regional Inequality and the Process of National Development: A Description of the Pattens. " *Economic Development and Cultural Change*, 13 (1): 3 –45.

[164] Williamson, Oliver E. 1985. *The Economic Institutions of Capitalism*. The Free Press.

[165] Williamson, Oliver E. 1989. "Transaction Cost Economics." *Hand Book of Industrial Organization*, 1 (1): 135 – 182.

[166] Williamson, Oliver E. 1991. "Comparative Economic Organization: The Ananlysis of Discrete Structural Alternatives." *Administrative Science Quarterly*, 36 (2): 269 – 296.

[167] Wood, Robert C. 1958. "The New Metropolises: Green Belt, Grass Roots Versus Gargantuan." *American Political Science Review*, 51 (1): 108 – 122.

[168] Yin, Xiaopeng. 2003. "*Regional Economic Integration in China: Incentive, Pattern and Growth Effect.*" Paper presented at Hong Kong Meeting in Economic Demography, Hong Kong, December 15 – 16.

后　记

　　衷心感谢我的恩师殷存毅教授！殷老师深厚的理论功底、渊博的学识和敏锐的理论洞察力，让我在博士学位论文选题、研究设计、研究开展、论文完成到成书出版的每个阶段都深受启迪；他亲自带我到相关政府部门、园区、协会、企业和研究机构调研，如果没有他，这项研究根本无法完成。殷老师不仅引领我走上学术道路，更教会我如何更好地做人、为学、做事；在我遇到挫折、迷茫沮丧时，是他第一时间开导我、鼓励我，如寒冬暖炉。如今，我也成为一名教师，每一次和学生在一起，都忍不住想到殷老师，想到当年老师对我悉心培养，今天我也要将美德传递。师恩难忘，铭记于心。

　　感谢愿意接受我访谈的各位党政干部、企业家和学者们，他们中的绝大多数与我素不相识，却在百忙之中慷慨回应我的求助，为我答疑解惑。他们提供的大量宝贵信息和翔实资料，让这项研究变得"生动"和"厚重"。感谢清华大学对我的培养。感谢教授我课程的各位老师，帮助我掌握了公共管理学科的基础知识体系。感谢清华大学公共管理学院的杨燕绥、施祖麟等多位老师及校外评审专家在本研究不同阶段提供的宝贵建议，感谢 Stuart Bretschneider 教授在我 2013~2014 年于美国雪城大学访学期间对本研究理论框架完善与研究设计等方面进行指导。感谢我的师兄汤志林、夏能礼、田骏、姚志峰、杨勇和吴维旭在本研究选题、调研、资料获取、理论分析等方面给予重要帮助。感谢我的好朋友丁姿、唐娜和俞晗之在研究及成书过程中曾无数次给我鼓励。感谢曾与我一起学习、共同进步的所有同门和同窗，回忆里满满的阳光、精彩与感动。

感谢北京体育大学在本书成稿阶段为我提供良好的环境和工作条件，未来很长一段时间，我都将在这里追逐学术梦想，努力践行"追求卓越"。感谢北京体育大学管理学院的诸位领导和老师，自我入职起就一直耐心指导、热情帮助我。感谢全国哲学社会科学工作办公室批准我申报的国家社科基金青年项目"体育产业与相关产业融合发展中的府际关系研究"（批准号：18CTY010），这个项目以本书中的基础理论为依托，是本书主要学术思想在体育研究领域的发展与延伸，它的立项让我坚定了与学术共同体对话并出版本书的信心；北京体育大学对此项目追加了配套经费，让我在资料购买、学术会议交流、专著出版等方面有了更坚实的经济支撑。感谢国家留学基金管理委员会为我提供访学资助。2019 年，在国家留学基金管理委员会的资助和北京体育大学的大力支持下，我赴美国访学一年，这让我有精力、有时间将 2016 年就答辩完稿的博士学位论文补充完善、修改成书。匹兹堡大学的 David Y. Miller 教授作为我的合作导师，对区域合作研究有着浓厚兴趣，也因此向我发出访学邀请。我们结合美国大都市区治理、区域合作组织和跨域利益共享等问题，对这项研究进行了深入讨论与升华，他鼓励我尽快成书。然而 2020 年底他因病过世，此前还在问我进展情况，叮嘱出版后寄给他。人生苦短，总觉得来日方长，但好多事情转眼就来不及了。

感谢深爱我的爸爸、妈妈和妹妹。一直以来，他们都倾尽全力爱护我、理解我、托举我，使我得以无后顾之忧地顺利完成学业，并且继续学术研究，他们是我的安全港湾和力量源泉。感谢我的丈夫张顺利先生，他坚定地支持我的工作，时常给我温柔鼓励，是能够让我向上生长的人，感恩与他携手同行。感谢我的公公婆婆，他们善良宽和，为我们的小家庭提供了巨大帮助，让我们可以安心工作。此外，还要感谢我的儿子张许同，谢谢他选择了我们家。陪他长大的过程也是我重新认识自己、再次成长的过程。今天他满 16个月了，很快会有那么一天，他会认出这页里自己的名字，我要更加努力，成为他的好妈妈、好老师和好榜样。

最后，感谢社会科学文献出版社的刘荣副编审和周浩杰编辑，她们的认真负责让本书最终能够问世。

许焰妮

2021 年 8 月 27 日于云趣园

图书在版编目（CIP）数据

为增长而合作：基于共建园的跨域共享发展／许焰
妮著. -- 北京：社会科学文献出版社，2022.12
ISBN 978 - 7 - 5228 - 0033 - 2

Ⅰ.①为…　Ⅱ.①许…　Ⅲ.①地方政府 - 行政管理 -
合作 - 研究 - 中国　Ⅳ.①D625

中国版本图书馆 CIP 数据核字（2022）第 065948 号

为增长而合作：基于共建园的跨域共享发展

著　　者／许焰妮

出 版 人／王利民
责任编辑／刘　荣
文稿编辑／周浩杰
责任印制／王京美

出　　版／社会科学文献出版社（010）59367011
　　　　　　地址：北京市北三环中路甲29号院华龙大厦　邮编：100029
　　　　　　网址：www. ssap. com. cn
发　　行／社会科学文献出版社（010）59367028
印　　装／三河市龙林印务有限公司

规　　格／开　本：787mm×1092mm　1/16
　　　　　　印　张：14.5　字　数：201千字
版　　次／2022年12月第1版　2022年12月第1次印刷
书　　号／ISBN 978 - 7 - 5228 - 0033 - 2
定　　价／99.00元

读者服务电话：4008918866